아픈 영혼을 위한 철학

아픈 영혼을 위한 철학

존 캐그 ◦ 전대호 옮김

P 필로소픽

더글러스 앤더슨과 캐시에게

차례

서문

"삶이 역겨워질 때"

세상 사람들 부러움을 한몸에 받는 행복하기 이를 데 없는 사람이 있다고 해보자. 그의 가장 내밀한 의식은 실패자의 의식이기 십상이다.

— 윌리엄 제임스, 《종교적 경험의 다양성》, 1902

"나는 지질하게 사는 가련한 놈이야. 지난 3개월 동안 삶의 역겨움에 시달리느라 편지 한 통 쓰기가 거의 불가능했어." 1869년, 완전한 정신적 붕괴를 코앞에 두고 친구 헨리 보디치Henry Bowditch에게 이렇게 고백할 당시, 윌리엄 제임스William James(1842~1910)는 성인기로 진입하는 문턱을 딛고 있었다. 그 뒤로 20년 동안 제임스는 마치 자신의 삶이 글쓰기에 달리기라도 한 것처럼 편지, 에세이, 책을 가리지 않고 끊임없이 글을 쓴다. 그리하여 결국 미국 철학과 심리학의 아버지가 되지만, 보디치에게 편지를 쓸 당시에 그는 이런 일들을 전혀 예견할 수 없었다. 심지어 오늘 하루만 살아남기 위해 몸부림칠 때도 많았다.[1]

그때 제임스는 베를린에서 18개월 동안 체류한 뒤 매사추세츠 주 케임브리지에 있는 아버지의 집으로 막 돌아온 참이었다. 건강한 몸과 정신(이 번역서에서 'mind'는 일관되게 '정신'으로 옮겼다 —옮긴이)을 얻기 위해 결정한 이 여행은 실패로 돌아갔다. 더 정확히 말하면, 심한 역효과를 낳았다. 구덩이에 더 깊이 빠진 것이 유일한 변화였다. 뉴잉글랜드로 돌아온 그는 곧 의학 박사가 될 것이라는 사실에서도 별로 기쁨을 느끼지 못했다(그는 어렵지 않게 그 학위를 받게 된다). 그의 마음은 학위에 있지 않았으며, 어디에도 있지 않았다. 아니, 어쩌면 동시에 너무 많은 것들에 머물렀다.

다양한 분야를 아우르는 지식인으로서 제임스의 능력은 부분적으로 그의 분열된 자아에서 비롯되었다. 그는 시인이면서 생물학자이면서 미술가이면서 신비주의자였다. 고문대 위에 누운 사람처럼, 그는 너무 많은 방향으로 끌어당겨졌다. 그래서 한동안 움직일 수 없었다. 앞으로 나아갈 수도 없었고, 다른 방향으로 갈 수도 없었다. 그는 이질적인 조각들로 이루어진 사람이었으며, 삶의 초기에는 자신을 통합하는 데 실패하다시피 했다. 그러나 다른 면모도 있었다. 제임스는 선대先代의 무수한 사상가를 괴롭힌 여러 가지 생각에 철학적으로 깊이 빠져들고 있었다. 어쩌면 인간은 자신의 통제를 벗어난 힘들에 좌우된다는 생각, 어쩌면 인간의 삶은 처음부터 정해져 있고 비극적이며 무의미한 방식으로 끝나게 되어 있다는 생각, 아무리 노력하더라도 인간은 자유롭고 활기차게 자신에게 이롭게 행동할 수 없는 존재라는 생각, 어쩌면 운이 나빠, 제작된 기계 속의 톱니바퀴들만 존재할 따름이라는 생각.

문제는 무의미였다. 제임스의 문제였던 무의미는 그를 자살 직전까지 몰아갔다. 1860년대 후반에 그는 노트에 빨간색 크레용으로 초상화를 스케치했다. 고개를 숙이고 어깨를 구부린 채 홀로 앉아 있는 젊은이. 그는 그림 위에 이런 문구를 적었다. "HERE I AND SORROW SIT(여기에 나와 슬픔이 앉아 있다)." 그런데 자세히, 아주 자세히 들여다보면, 문구를 확 바꾼 희미한 선이 보인다. 실은 'N'이 아니라 'M'일 수도 있다. 그렇다면 문구의 앞부분은 "HERE I AM(여기에 내가 있다)"이다. 그 초상화는 자화상이었다.[2]

훗날 제임스는 하버드 대학교 인근에서는 흔하디 흔한, 태어날 때부터 심리적으로 꼬인 개인을 이렇게 서술했다. "실존이 지그재그의 연속과 다름없는 사람들이 있다. 때로는 이쪽 성향이, 때로는 저쪽 성향이 우위를 점하기 때문이다. 그들의 영靈은 육肉과 싸우고, 그들은 양립할 수 없는 것들을 원하며, 고집스러운 여러 충동이 그들의 가장 정교한 계획을 가로막고, 그들의 삶은 그릇된 행동과 실수에 대한 후회와 복구의 노력으로 가득 찬 긴 드라마다."[3] 제임스의 표현을 빌리면, 그들은 "영혼이 아프다." 그들은 아이비리그를 졸업할 개연성이 있었지만, '하버드 야드'(하버드 대학교 캠퍼스에서 가장 오래된 구역 — 옮긴이)에서 아주 가까운 거리에 있는 매클린 정신병원에서 자살할 개연성도 그에 못지않게 있었다. 제임스 자신도 한동안 그 병원에 입원했다는 소문이 한 세기 넘게 떠돌았지만, 그가 죽은 뒤 100년이 지나는 동안 그 소문은 잦아들었다. 오늘날 일반적으로 제임스는 의사의 도움 없이 정신질환에 맞섰던 것으로 전해진다.

하지만 이 전언은 정확하지 않다. 제임스 자신이 의사**였다**. 윌리엄 제임스의 철학 전체가 일관되게 추구한 목표는 삶을 구원하는 것, **그 자신의** 삶을 구원하는 것이었다.[4] 철학은 결코 초연한 지적 훈련이나 말장난이 아니었다. 철학은 놀이가 아니었다. 혹은 놀이라면, 철학은 세상에서 가장 진지한 놀이였다. 철학에서 관건은 사려 깊고 활기찬 삶이었다. 나는 독자들에게 제임스의 실존적 생명 구조법을 알려드리려 한다. 물론 삶은 궁극적으로 말기 환자의 처지와 같다. 아무도 산 채로 삶에서 빠져나가지 못한다. 그러나 가장 중요하게는, 제임스를 비롯한 몇몇 저자는 말하자면 인간의 삶에서 가장 중요한 것을 보존하고 우리가 사망하기 전에 일러줌으로써 생존에 도움을 줄 수 있다. 제임스는 자신의 철학을 '건강한 정신의 철학'이라고 칭했다. 그 철학은 아픈 영혼을 위한 공식 해독제는 아닐지 몰라도, 나는 그 철학을 효과적인 민간요법으로 간주하고 싶다.

우리 중에 아주 많은 이들이 심연의 경계에서 비틀거리는 것 같다는 생각이 사실이 아니라면, 이런 철학은 아예 불필요할 것이다. 나 자신도 2010년에 심연의 경계에 있었다. 그때 나는 서른 살이었고, 이혼 수속을 밟고 있었으며, 관계가 멀어진 알코올 중독자 아버지의 죽음을 막 지켜본 뒤였다. 그리고 하버드 대학교에서 박사후연구원으로서 (당신의 짐작대로) 윌리엄 제임스에 관한 글을 쓰고 있었다. 제임스의 창조성 개념을 다루는 단행본, 프래그머티즘(실용주의)으로 알려진 제임스 철학의 구원救援 효과에 관한 고무적인 책을 탈고할 계획이었다. 제임스가 1900년에 쓴 글에 따르면, 프래그머티즘은 진리를 판정할 때 진리의 실천적 귀결들을, 진리가 삶에 미치는 영향을 기준으로 삼아야 한다고 주장한다. 멋진 사상이다. 단, 삶 자체가 어느 정도 유의미하게 느껴진다는 전제에서만 그러하다. 제임스는 이를 알았고, 이 아픈 통찰을 다루는 철학을 주창했다. 가련하게도 나는 여러 해 동안 고생한 끝에 이 사실을 깨달았다.

나는 윌리엄 제임스의 철학이 내 삶을 구원했다고 생각한다. 더 정확히 말하면, 제임스의 철학은 나에게 삶을 두려워하지 않을 용기를 주었다. 물론 누구에게나 유효할 것이라는 뜻은 아니다. 심지어 내일 나에게 유효할 것이라는 뜻도 아니다. 늘 유효할 것이라는 뜻도 물론 아니다. 그러나 적어도 한 번은 실제로 유효했고, 그것만으로도 내가 영원히 고마움을 느끼기에 충분하다. 또 이 책이 호응을 받으리라는 희망을 적잖이 품기에 충분하다. 제임스는 우리 시대를 위해 글을 썼다. 전통과 미신을 멀리하면서도 실존적 의미를 절실히 갈망하는 시대, 풍요로움이 핵심 특징이지만 또한 우울과 극심한 불안으로 정의되기도 하는 시대,

아이콘들의 가치를 매기는 시대, 결국 그 아이콘들을 명성이 자자한 삶은 때 이르게 종결되어야 마땅하다는 결심으로 이끄는 시대를 위해. 이런 문화를 향해 제임스는 차분하면서도 집요하게 촉구한다. "삶을 두려워하지 말라. 살 가치가 있다고 믿어라. 그러면 당신의 믿음이 사실의 창조를 도울 것이다."[5] 나 자신의 아픈 영혼이 작은 목소리만 내는 좋은 날에는 제임스의 주장이 아주 잘 실현된다. 나쁜 날에는 그 주장이 나를 도와 버틸 수 있게 해준다. 제임스의 철학을 삶의 구원자로서 존중하고 소중히 여기면서 나는 또한 깊은 곤경에 빠져 허우적거리는 친구, 이웃, 학생, 낯선 사람과 점점 더 자주 마주쳤다.

2014년, 나는 자전거를 타고 하버드 대학교의 와이드너 도서관으로 향했다. 제임스의 프래그머티즘을 다루는 고무적인 책의 원고를 마침내 끝마치기 위해서였다. 나는 예상보다 더 잘해 나가고 있었다. 이제 책을 내는 것이 가능할뿐더러 어느 정도 현실적으로 느껴졌다. 춥고 눈이 쌓인 2월 아침이었다. 무슨 생각으로 자전거를 탔는지 모르겠지만, 자전거를 타고 비틀거리고 미끄러지며 케임브리지에서 찰스타운으로 나아갔다. 마지막 구간은 커클런드 대로, 윌리엄제임스홀 앞의 큰길이었다. 그런데 그날은 그 육중한 건물을 둘러싼 길이 경찰 통제선 표시인 노란색 테이

프로 차단되어 있었다.

윌리엄제임스홀은 주변의 고풍스러운 건물을 마치 난쟁이처럼 보이게 한다. 하버드 대학교의 건물 대부분은 청교도 정신에 적합하게 지어졌다. 즉, 하늘은 신의 몫으로 남겨둬야 한다는 믿음에 따라 높이는 낮고 평면은 넓게 건축되었다. 그러나 윌리엄제임스홀은 그런 겸허한 정신으로 건축되지 않았다. 세계무역센터의 설계자이기도 한 미노루 야마사키의 설계로 1963년에 지어졌으며, 현재 심리학과가 사용하는 그 건물은 두드러지게 현대적이다. 하버드 대학교가 배출한 위인들 가운데 가장 위대하다고 할 만한 인물에게 진지하게 헌정된 그 건물은 기념비적이고 무뚝뚝하게 서 있다.

당신이 윌리엄제임스홀의 옥상에서 돌멩이를 던진다면 한때 제임스의 집이었던 어빙가 95번지를 맞힐 수 있을 것이다. 1889년 건축 당시에 제임스는 그 집을 '엘리시움Elysium'(그리스 신화에서 극락을 뜻하는 말 — 옮긴이)이라고 불렀다. 그 낙원은 식민지 시대풍의 2단 박공이 있는 3층짜리 건물이었다. 1층에는 널찍한 서재가 있었고, 내밀한 연구실은 2층에 있었다. 윌리엄제임스홀의 옥상에서 반대 방향으로 돌을 던지면, 하버드 야드 내의 에머슨홀 근처에 떨어질 것이다. 제임스는 20세기 초에 하버드 야드에서 미국 고유의 철학을 정초했다. 제임스의 지적 대부代父인 랠프 월도 에머슨은 1837년에 강연문 〈미국의 학자The American Scholar〉에서 새로운 유형의 사상가들이 도래하여 미국을 지성의 세계 지도 위에 올려놓을 것이라고 선포했다. 제임스는 에머슨의 예언을 실현하기 위해 최선을 다하고 1910년에 68세의 일기로 세상을 떠났다.

윌리엄제임스홀의 15층은 그 괴물 같은 건물이 지닌 몇 안 되는 장점 중 하나다. 중앙의 세미나실에는 제임스를 정면과 측면 사이의 비스듬한 각도로 보여주는 초상화가 걸려 있다. 제임스의 깊고 강렬한 시선은 캔버스의 틀을 부수고 창밖으로 뻗어나가 하버드 대학교를 가로지른다. 그는 그 대학교의 명성에 크게 기여했다. 15층에서 바라본 풍경은 대단한 장관이고, 50여 미터 상공에 떠 있는 발코니에서는 윌리엄제임스홀 주변을 신선한 관점에서 조망할 수 있다.

사람이 50여 미터 상공에서 떨어지면 채 4초도 지나지 않아 시속 110킬로미터로 바닥과 충돌한다. 그런 일이 마지막으로 일어난 때가 2014년 2월 6일의 추운 아침이었다. 2006년에 하버드 대학교를 졸업한 스티븐 로즈라는 젊은이가 윌리엄제임스홀의 옥상에서 뛰어내려 29세로 생을 마감했다. 그해에 미국에서 자살한 4만여 명 중 한 사람이었다. 그 건물에서 일하던 한 교수는 "우리는 일상을 이어가기가 어려웠다"[6]라고 보고했다.

맞는 말이었다. 그날 아침 나는 '판에 박힌 일상'을 이어가지 못했다. 그런 사건 앞에서는 누구라도 틀림없이 일상 업무에 지장을 받을 것이다. 이튿날 경찰의 사건 기록부에서 로즈의 추락은 '목격자 없는 사망 사고'로 표현되었지만, 그것은 정확한 표현이 아니라고 당신에게 장담할 수 있다. 나는 자전거에서 내려 수십 명의 구경꾼 틈에 끼어들었다. 커클랜드 대로에서 제한 구역의 경계에 접근한 우리는 무슨 일이 벌어졌는지 알아내려 애썼다. 그렇게 추위 속에서 30분을 선 채로 보내고 나자 우리 대다수는 '무슨 일이 일어났을까?'가 아니라 '**왜** 그 일이 일어났을까?'가 적절한 질문이라는 판단이 섰다. 이것은 아주 좋은 질문, 일반적인 혹은 포괄적인 대답을 허용하지 않는 질문이다. 그전까지 나는 다시 태어나더라도 하버드 대학교에 입학하고 싶다는 생각을 자주 했다. 하버드 대학생의 기회와 특권, 그러니까 거리낄 것 없는 경험의 자유는 유례가 없으며 외부에서 보면 무조건 장점으로 보인다. 물론 아마도 스티븐 로즈는 내가 멍청하고 둔감해서 그런 생각을 한다고 타일렀을 것이다. 윌리엄 제임스도 마찬가지다. 무조건적 장점 따위는 없다. 겉모습은 기만적일 수 있다. 자유는 불안을 가득 품고 있을 때가 많다. 특권은 내려놓을 수 없는 짐일 수 있다. 그리고 기회는 낭비되기 십상이다. 각자가 꾸려가는 특수한 삶에 모든 것이 달려 있다.

'삶은 살 가치가 있을까?' 자살을 고민한 후 25년이 흐른 1895년에도 제임스는 여전히 이 질문을 붙들고 씨름했다. 제임스에 따르면, 로즈의 죽음이라는 현실에 충실한 동시에 그의 삶을 구할 수도 있었을 단 하나의 대답은 '어쩌면'이다. 어쩌면 삶은 살 가치가 있다. "사는 사람에게 달렸다."[7] 어쩌면 일부 삶은 정말 터무니없거나 견딜 수 없어서 일찍 끝내는 편이 더 나을 것이다. 어쩌면 스티븐 로즈의 삶도 그러했을 것이다. 하지만 어쩌면 그렇지 않을지 모른다고 제임스는 주장한다. 어쩌면 삶의 의미를 성취할 시간이 여전히 있었을 것이다. 가치 있는 무언가를 발견할(혹은 더 높은 확률로, 그것을 만들어낼) 시간이 여전히 있었을 것이다.

눈 덮인 거리에서 한 시간을 보낸 후 군중은 흩어졌고, 늦은 오후에 다시 보니 경찰 통제선은 이미 제거되어 있었다. 그날 나는 평소처럼 일상을 이어가지 못했다. 그 대신에 제임스가 스티븐 로즈 같은 사람들을 위해서 쓸 법한 책을 쓰기로 결심했다. 삶의 가치와 연결된 '어쩌면'을 다루는 책. 그리고 그런 책을 쓰는 일은 충분히 가치 있다고, 우선 그렇게 판단했다.

이 책은 제임스의 지혜를, 인생의 여러 가능성은 실재하며 우리는 그것들을 자유롭고 유의미하게 탐험할 수 있지만 오직 우리 자신이 위험을 감수할 때만 그러하다는 제임스의 깨달음을 대중에게 전달하려는 시도다. 젊은 제임스는 인생의 여러 가능성을 스스로 모조리 폐쇄하기 직전까지 갔다. 그러나 결국 그는, 매우 다양한 맥락에서 볼 때 자살은 삶에서 빠져나가는 확실히 그릇된 방식이라고 주장했다. 어쨌든 우리 모두는 머지않아 생로병사의 굴레에서 벗어날 것이다. 관건은 살길을 발견하는 것, 유한한 삶을 참되게 살아갈 길을 발견하는 것이다. 윌리엄 제임스가 그 길을 찾는 사람들을 도울 수 있다.

1장

결정론과 절망

평범한 삶의 과정에는 광적인 우울로 가득 찬 순간만큼이나
나쁜 순간들이 존재한다. 근본적인 악이 승리하고 활보하는 순간들이.
광적인 공포의 환상은 모두 일상적인 사실을 모사模寫한다.
— 윌리엄 제임스, 《종교적 경험의 다양성》, 1902

우리가 살면서 접어드는 길은 어떤 의미에서 우리의 허락 없이 결정된다. 아무도 우리에게 태어나고 싶은지, 저 가정이 아니라 이 가정에서 성장하고 싶은지 묻지 않는다. 당신의 인종, 성별, 사회경제적 처지, 건강은 대체로 우연의 요소다. 20세기 독일 철학자 마르틴 하이데거의 표현을 빌리면, 우리는 세계 안으로 '던져진다.' 그렇게 던져져 표류하면서 대체로 청소년기에 우리의 통제를 벗어난 여러 힘에 휘둘리며 살아간다.

많은 이들은 성인이 되어도 그런 상황에서 벗어나지 못한다. 세계보건기구에 따르면 "자살은 고소득 국가에서 더 흔할 것이라는 선입견과 달리…실제로 〔전 세계〕 자살의 75퍼센트는 중위 및

하위 소득 국가에서 일어난다." 내가 보기에 이 통계는, 견딜 수 없는 상황에 처한 사람들의 비율, 그리고 결국 견디기를 거부한 사람들의 비율을 반영한다. 물론 운이 좋으면 우호적인 힘들이 작동하여, 우리는 극빈층 가정에서 태어나지 않는다. 그러나 아무리 우호적인 힘들이 작동하더라도 경우에 따라 사람은 휘청거릴 수 있다.[1]

윌리엄 제임스는 명백히 운이 아주 좋은 사람이었다. 1842년에 뉴욕시에서 태어난 제임스는 대대로 부유한 가정에서 성장했다. 아버지 헨리 제임스 시니어Henry James Sr.는 자식들을 맹목적으로 사랑했다. 제임스는 응석받이로 컸다. 그러나 통상적으로 이야기되는 응석받이는 아니었다.

1832년, 헨리 시니어는 업스테이트 뉴욕(뉴욕주에서 뉴욕시 대도시권 북쪽의 지역—옮긴이)에서 은행과 부동산 회사를 운영한 부친에게서 거의 100만 달러를 상속받았다. 당시에는 엄청난 금액이었다. 그러나 헨리 시니어는 올버니(업스테이트 뉴욕에 속한 대도시—옮긴이)에서 가족 사업을 이어갈 생각이 전혀 없었다. 이제 독립적인 부자인 그는 세속적인 관심사에 등을 돌리고 종교, 철학, 자연과학 공부에 몰두했다.

맏아들 윌리엄이 태어났을 때, 헨리 시니어는 치열한 근대 물질주의적 생존 경쟁에서 마침내 손을 떼는 중이었다. 그러나 다른 한편으로, 자신의 부친에게서 물려받은 엄격한 칼뱅주의가 모든 것을 정신없이 움직이게 했다. 알다시피, 칼뱅주의는 복종과 절대적 통제의 종교, 신의 통제를 믿는 종교다. 인간은 축복을 받고 천국의 거주자로 '선출'되었거나, 아니면 저주를 받고 지옥에 갈 운명이다. 그런데 당신이 두 유형 중 어느 쪽인지 알아낼, 유효성이 검증된 방법은 없다. 그러나 이것만큼은 확실하다. 당신은 당신의 운명을 통제할 수 없다. 윌리엄이 두 살이던 1844년에 헨리 시니어는 누군가에게 이렇게 설명했다.

> 나는 내 삶과 행동에 관한 한 모든 것을 창조주가 외부에서 가장 인색하고 꼼꼼하게 조사하고 알아낸다고 생각하는 버릇이 있었다. 그래서 창조주를 섬기고 따르는 데 최대한 주의를 기울였으며, 당신도 보았듯이, 그러다가 결국 나의 의지는 냉혹한 신을 달래는 형식적이며 무정하며 끝없는 과제에 말하자면 완전히 혹사되어 무너져 버렸다.[2]

헨리 시니어가 보기에 칼뱅주의는 불가능한 과제를 부과했다. 그 과제란 전능할뿐더러 무한히 초연한 신을 만족시키기 위해 인간의 의지를 자유롭고 유의미하게 발휘하라는 것이다. 이 과제를 수행하려 애쓴 헨리 시니어는 나중에 스스로 '황폐화vastation'(어원은 라틴어 '바스타레vastare')라고 칭한 상태에 이르렀다. 철저한 정신적·개인적 황량함 말이다. 사람들은 자신의 행동이 모종의 도덕적·실존적 의미에서 중요한 것처럼 행동할 의무가 있었지만, 신의 신성한 설계라는 조건은 사람들의 행동이 지닌 중요성이 가련할 정도로 미미함을 암시했다. 신은 좋은 계획이 있을지 모르지만, 인간적 실존을 괴롭히는 여러 해악은 그대로 남는다.

결국 헨리는 18세기 루터교 신비주의자 에마누엘 스베덴보리 Emanuel Swedenborg의 신비주의 훈련을 통해 '황폐화'에서 탈출했다. 스베덴보리를 읽으면서 헨리는 '해방된 상태'를 성취했으며 그의 정신은 "갑작스러운 기적에 의해 상승하여 보편적이며… 파괴 불가능한 삶과 조화를 이루는 느낌에 도달했다."[3] 헨리 제임스가 1840년대 초반에 경험한 종교적 위기는 윌리엄 제임스가 성장하게 될 가정의 교전交戰 규칙이 정해지는 계기가 되었다. 자유. 그 가정의 삶을 좌우하는 영구적 기준은 자유였다. 조숙한 두 동생(헨리와 앨리스)과 윌리엄은 마음껏 놀고, 공부하고, 책을 읽고 여행할 자유, 그러니까 무엇이든 할 수 있는 자유를 허락받았다. 유일한 금기는 이 뛰어난 아이들의 가능성을 제한하는 것이었다. 아버지에게서 지적으로 뛰어나다는 평가를 받지 못한 나머지 두 남동생 윌킨슨과 로버트슨도 너그럽게 양육되었다.

헨리 시니어의 광기 너머에는 어떤 원칙이, 심지어 아름다운 원칙이 있었다. 삶의 의미는 단지 생계를 꾸리는 것에 있지 않다고, 좁게 제한된 과제를 맡아서 날마다 반복적으로 수행하는 것에 있지 않다고 그는 믿었다. 관건은 돈 벌기나 규칙적으로 출퇴근하기가 아니었다. 오히려 인간적 실존의 목표는 훌륭한 인격을 육성하는 것이었다. 헨리 시니어는 아들의 양육에 대해 이렇게 썼다. "이 인격은 그에게 강제로 부과할 수 없고 반드시 자유롭게

길러져야 하므로, 나는 최선을 다하여 그를 자유로운 분위기로 감쌌다."[4]

자유를 과제로 부여받은 소년 윌리엄은 그에 어울리게 여러 곳을 옮겨 다니며 성장했다. 두 살이 될 때까지 파리, 루앙, 켄트, 런던을 거쳤고, 네 살에는 올버니, 다섯 살에는 뉴욕시에서 살았다. 1855년, 아버지는 뉴욕 엘리트 교육 체제가 열 살 아동에게는 터무니없이 엄격하다고 결론지었고, 가족은 다시 떠났다. 우선 파리로 돌아갔다가, 이어 리옹과 제네바를 거쳐 결국 영국 해협의 프랑스 쪽 해안에 위치한 불로뉴쉬르메르로 갔다.

헨리 제임스 시니어의 가장 가까운 친구 중 한 명인 랠프 월도 에머슨은 "여행은 바보의 낙원이다"라고 주장했지만, 윌리엄 제임스의 성장에는 상당히 이로웠다. 적어도 한동안은 그러했다. 그의 아버지는 자식들이 그저 "어딘가—거의 어디라도 좋다—에 있으면서 어떤 식으로든 인상이나 호응을 받고, 관계나 떨림을 느끼기를" 바랐다.[5] 그것으로 충분했다. 제임스가 받은 정식 교육은 정식과는 영 거리가 멀었다. 그것은 우연의 부산물, 더 정확히 말하면 노출의 부산물이었다. 제임스는 세계에 노출되었다. 그는 세계의 풍요로움을 자주 경험하고 결핍도 가끔 경험하라는 격려를 받았고, 세계가 제공하는 자연적·문화적 재료를 가지고 실험해 보라는 권장을 받았다. 무엇보다도, 아버지는 아들이 자기 자신을 가지고 실험하기를 바랐다. 윌리엄 제임스라는 소년이 무엇이 될 수 있을지, 가설을 세우고 검증하고 관찰하기를 바랐다.

그러나 십대가 된 제임스가 다른 실험들을 포기하고 한 실험에 몰두했을 때, 곧바로 아버지는 성급하게 시야를 좁히지 말라고 경고했다. 실제로 1860년에 제임스 가족이 다시 여행길에 올라 로드아일랜드주 뉴포트로 갔을 때, 윌리엄은 성급하게 시야를 좁힌 듯하다. 그곳에서 윌리엄은 당대의 가장 유능한 미국 초상화가라고 할 만한 윌리엄 헌트와 함께 회화를 공부할 수 있었다. 처음에 헨리 시니어는 아들의 열정을 지지했지만, 아무리 개성 있는 화가의 길을 가더라도 화가라는 직업 자체가 윌리엄의 개인적 성장을 억누르는 작용을 할 수 있다고 타일렀다. 비록 윌리엄은 유년기에 자유분방한 분위기를 누렸지만, 그의 아버지는 여전히 모든 것을 가장 잘 아는 사람처럼 굴었다. 그러나 그는 이번만큼은 저항에 직면했다. 윌리엄은 1860년 8월에 아버지에게 쓴 편지에서 이렇게 말한다. "왜 사람의 영적 문화spiritual culture는 예술적 활동과 별개로 이어질 수 없다는 것인지, 왜 예술가가 자기 안에서 느끼는 힘은 퀴비에Cuvier나 푸리에Fourier가 느낀 힘보다 더 강력하게 사람을 유혹하여 자신이 무엇인지 망각하게 만든다는 것인지 저는 모르겠습니다."[6]

이렇게 항의하긴 했지만, 전업 화가가 되려는 제임스의 시도는 1년밖에 지속되지 않았다. 전문적인 화가로서의 예술적 기량이 자신의 완벽주의 성향에 미치지 못한다는 걸 깨달았던 걸까? 아마도 그랬을 것이다. 아버지의 반대가 그의 결심을 누그러뜨렸을까? 틀림없이 그랬을 것이다. 여하튼 그는 1861년에 뉴포트를 떠나 지식인의 길을 선택했다. 그리고 여생 내내 어느 정도 일관되게 그 길을 걸었다. 윌리엄 제임스는 과학자가 되기로 마음먹는다. 편지에서 탁월한 생물학자와 물리학자인 퀴비에와 푸리에를 언급한 것은, 아사 그레이Asa Gray(미국 식물학자—옮긴이), 루이 아가시Louis Agassiz(미국 지질학자—옮긴이), 벤저민 퍼스Benjamin Peirce(미국 수학자—옮긴이)와 같은 반열의 미국 과학자가 되기 위하여 윌리엄이 기울일 끈질긴 노력의 전조였다. 헨리 제임스 시니어는 이쪽 진로가 더 만족스러웠다. '과학Scientia'이 그의 아들을 자유롭게 해줄 것이라 여겼다.

이쯤 되면, 부잣집에서 태어난 가련한 소년에 관한 이야기의 첫머리로 느껴질 수도 있을 텐데, 적어도 부분적으로는 그 느낌이 옳다. 제임스는 세상의 가혹한 현실로부터 보호받으면서 한껏 뜻을 펼칠 조건을 모두 갖추었다. 간단히 말해, 그는 응석받이였다.

그러나 그렇게 단정하고 이야기를 끝내야 하지 말아야 할 이유가 있다. 제임스의 방자한 청소년기와 뒤이은 환멸은 오늘날 특권층 다수의 특징이 된 정신적 파열을 충격적일 만큼 충실하게 반영한다. 나는 케이트 스페이드Kate Spade, 마곳 키더Margot Kidder, 앤서니 보데인Anthony Bourdain처럼 자살한 유명인들만 염두에 두고 이런 말을 하는 것이 아니다(스페이드는 패션 디자이너,

키더는 영화배우, 보데인은 방송인이자 요리사였다—옮긴이). 물론 이들의 자살은 극적이고 특히 비극적인 최근 사례들이지만 말이다. 내가 거론하려는 것은, 삶이 실은 완전히 무의미할 가능성을 숙고하기에 충분할 만큼 자유 시간을 많이 가져본 적 있는 모든 사람이다. 한가함은 철학의 어머니라는 토머스 홉스의 말이 옳을 수도 있겠지만, 한가함은 많은 이들을 병적으로 우울하게 만들기도 한다. 이는 모든 것을 가진 후에야 비로소 모든 것이 부질없을 수도 있음을 깨닫는 것과 유사하다. 일상의 안락이 사소하게 교란되는 것만으로도, 다시 말해 다른 모든 면에서 완벽한 실존에 끈질긴 골칫거리 하나가 있는 것만으로도 이 암울한 깨달음에 도달하기에 충분하다. 20세기 프랑스 사상가 알베르 카뮈의 말을 빌리면, 그 깨달음에 이르는 순간, "무대가 무너진다."[7] 윌리엄 제임스는 1862년 봄에 그런 일을 겪기 시작했다.

한때 제임스의 회화 선생이었던 윌리엄 모리스 헌트William Morris Hunt는 그해에 〈북 치는 소년〉을 그렸다. 그림 속에는 커다란 행진용 북을 멘 열 살쯤 되어 보이는 소년이 어두워지는 하늘을 배경으로 홀로 받침대 위에 서 있다. 구름을 향해 팔을 높이 쳐들고 군대를 소집하는 북소리를 울릴 준비를 마친 채로. 받침대에는 '미국 자원자들U. S. Volunteers'이라는 간단한 문구가 새겨져 있다. 그것은 몸이 온전한 모든 미국인을 향한 명령이다. 당시는 에이브러햄 링컨이 대통령으로 당선되면서 남부 주들이 연방에서 탈퇴한 뒤였고, 남북전쟁이 격화되고 있었다.

'윌키'라는 애칭으로 불린 가스 윌킨슨 제임스Garth Wilkinson James(윌리엄 제임스의 동생)는 북 치는 소년의 명령에 곧바로 부응하여 1862년에 17세로 자원입대했다. 훗날 윌킨슨은 이렇게 회상한다. "참전할 당시에 나는 열일곱 살 소년이었고, 연방의 대의와 노예제 철폐에 헌신하는 부모의 아들이었다.… 나는 노예제는 터무니없는 잘못이며 노예제 폐지를 위해서라면 목숨을 바쳐도 아깝지 않다는 믿음 속에서 양육되었다."[8] 실제로 그는 1863년 와그너 요새 전투에서 목숨을 잃을 뻔했으며 그때 입은 부상에서 끝내 완전히 회복되지 못했다. 로버트슨 제임스는 형의 부상을 오히려 참전의 동기로 삼아 1864년 2월에 자원입대했다.

그런데 윌리엄은 어디에 있었을까? 남북전쟁이 터졌을 때 그는 나가서 싸우기에 충분한 나이였다. 입대한 동생들의 형이었다. 노예제를 혐오하고 자유권을 신봉하는 집안에서 성장하기는 윌리엄도 마찬가지였다. 그 역시 연방의 대의를 위해 궁극의 희생을 마다하지 않았어야 마땅했다. 실제로 윌리엄은 입대를 원했을지도 모른다. 그런데 입대했는가? 제임스는 끝내 입대하지 않았다. 그는 아버지가 선택한 아들이기도 했지만, 상당히 병약하고 시력이 나쁜 젊은이이기도 했다. 동생들이 진정한 영웅(혹은 국가의 관점에서 진정한 남자)이 되는 동안, 윌리엄은 가장자리로 물러나 있었다. 제임스의 제자이며 가장 우호적인 평전 저자인 랠프 바턴 페리Ralph Barton Perry는 이렇게 결론짓는다. "나는 윌리엄 제임스가 1860년대에 남성의 성년기에 진입했다는 증거를 전혀 발견할 수 없다."[9]

루이 메넌드Louis Menand는 남북전쟁이 제임스의 철학 연구에서 배경 역할을 했다고 주장한다. 거창한 이데올로기를 동기로 삼은 분쟁의 엄청난 파괴성이 제임스와 동료 프래그머티스트들을 소박하고 검증 가능한 믿음과 목표를 추구하는 철학으로 이끌었다는 것이다.[10] 나는 남북전쟁이 제임스의 세계관에 더 즉각적이고 충격적인 방식으로 영향을 미쳤다고 생각하는 편이다. 가족들이 전쟁터로 떠나는 모습을 상대적으로 무기력하게 지켜보면서, 인간 실존의 불가피한 취약성을 목격하면서, 자신의 무능력과 야망의 억눌림을 경험하면서 제임스는 자신이 자신을 둘러싼 이 우주와 마찬가지로 자유롭지 않으며 상당한 정도로 운명의 지배를 받는다는 사실을 처음으로 감지했다.

제임스의 가족이 거의 강박적으로 자유에 매달렸다는 점을 떠올려보면, 윌리엄 제임스가 언젠가 철저한 구속감을 느낄 것은 거의 불가피한 일이었다. 젊은 윌리엄의 삶 전체가 걸린 전제는 그 자신이 자유의지를 행사할 수 있다는 것이었다. 스스로 자유의지를 행사할 수 없음을 그가 발견하는 것은 단지 시간문제였다. 윌킨슨이 입대하기 전해에 제임스는 로런스 과학 학교 Lawrence Scientific School(하버드 대학교 내에 있었던 응용과학 학부—옮긴이)에 입학했다. 그는 화학에서, 더 나중에는 생리학에서 성과를 내기를 바랐다. 그러나 자신이 온 나라를 뒤덮은 전쟁에서 **진짜** 성과를 내는 어엿한 남자가 아니라는 느낌도 없었을 리 없다. 40여 년 후에도 여전히 제임스는 젊은 시절에 발휘하지 못한 군인 정신의 육성을 열망했다. 1906년에 '전쟁과 대등한 도덕적 과제'라는 강연을 했을 때, 제임스는 이렇게 주장한다. "군인 정신은 우리의 대담한 이상들을 지켜주는 위대한 덕목이며, 대담성이 필요 없는 인간의 삶은 경멸해 마땅하다. 위험을 감수하지 않는다면, 혹은 과감한 도전자에게 주어질 상이 없다면, 역사는 정말 무미건조할 것이다."[11]

로런스 과학 학교에는 '과감한 도전자를 위한 상'이 딱히 없었다. 그곳에서 제임스는 자신의 선생 찰스 윌리엄 엘리엇이 화학 분야에서의 '비체계적 외도'[12]라고 부르게 될 활동에 흥미를 느꼈지만(제임스는 과거 소년 시절 실험실에서 이런저런 약을 일상적으로 제조해서 늘 즐겨 먹었다), 그 실험의 대다수는 만족스럽지 못했다. 그것들은 기껏해야 실제 세계의 변두리에서 벌이는 놀이에 불과했다. 이를 제임스 자신도 알았다고, 나는 생각한다. 그는 이제 혐오하게 된 화학을 포기하고 생물학으로 관심을 돌렸다. 그리고 의미와 열정이 소진된 뒤에 남는 유혹, 곧 돈의 유혹을 느끼기 시작했다. 1863년 11월, 제임스는 어머니에게 이렇게 고백했다. "조속히 제 인생의 최종 결정을 내리는 것이 중요하다는 것을 절실히 느낍니다." 그는 이렇게 덧붙였다. "저는 갈림길 앞에 섰습니다. 한쪽 길은 물질적 안락으로, 환락가로 향하지만 그 길로 가면 영혼을 팔게 될 것 같습니다. 다른 길은 정신적 품격과 독립으로 이어지지만, 그 품격과 독립은 물질적 빈곤과 맞물려 있습니다." 그것은 사업, 곧 아홉 시에 출근하고 다섯 시에 퇴근하는 생활과 순수한 과학, 곧 지식인의 삶 중에 무엇을 선택할 것인가 하는 갈림길이었다. 제임스는 절충안으로 의사의 길을 선택한다. 그러나 내가 그려본 바로는, 그것은 미지근한 선택이었다. 전쟁은 격렬하게 이어졌고, 제임스는 참전하지 않았다.[13]

많은 이들이 자신의 영혼을 팔아야 하는가, 말아야 하는가 고심한다. 그들은 짭짤한 대가를 받을 수 있지만 기회비용이 엄청나게 크다고 느낀다. 엄청나게. 제임스는 이 사실을 알았다. "도덕적 무기력은 **성공**이라는 개 같은 여신의 자식이다. 도덕적 무기력은 ('**성공**이라는 단어를 추잡하게 현금으로 해석하는 것'과 함께) 우리의 국민적 질병이다"[14]라고 그는 나중에 썼다. 그 질병은 느린 속도로 꾸준히 악화되기에, 흔히 환자는 자신이 병들었다는 사실조차 알아채지 못한다. 바꿔 말해, 삶의 끝에 이르러서야 환자는 자신이 기억할 수 있는 가장 먼 과거에서부터 치명적인 병에 걸려 있었음을 알아챈다. 그 시점에는 약도 치유도 유예도 없다. 오로지 죽음이 있을 뿐이다. 그리고 후회만이.

물론 향락의 품속에서, 제임스의 표현에 따르면 '환락가'에서 살기 위해 열심히 일하는 삶에서 문제를 발견하기는 매우 어렵다. 심지어 천하게 여겨지는 단조롭고 고된 일을 하더라도, 모든 것이 습관적이고 빤하고 편하게 반복되어서 참 다행이라고 느낀다. 운이 나쁘지 않으면, 당신은 조만간 고생할 필요조차 없어진다. 이제 당신이 과거에 저축한 돈이 정말로 돈을 번다. '이자'라는 낯선 단어가 모든 것을 이뤄낸다. 당신은 아무 생각도 할 필요가 없다. 환락가에는 어떤 문제도 없다. 어쩌면 문제가 딱 하나 있을 것이다. 자신의 미래를 숙고할 당시에 제임스는 독일 철학자 아르투어 쇼펜하우어의 글을 읽고 있었는데, 그 철학자가 그 문제를 지목했다. "만약에 모든 바람이 생겨나는 즉시 성취된다면, 사람들은 자신의 삶을 어떻게 채울까? 사람들은 주어진 시간으로 무엇을 할까? 세계가 향락과 편안함이 넘치는 낙원이라면, 젖과 꿀이 흐르는 땅이라면, 모든 남자가 자신의 짝꿍이 될 여자를 어려움 없이 단박에 얻는 곳이라면, 사람들은 따분해서 죽거나 목매달아 자살할 것이다."[15] 진짜 고난이 없으면 일부 사람들은 고난을 꾸며낼 것이라고, 작심하고 위험과 불편을 추구할 것이라고, 다른 이유 때문이 아니라 따분함에서 벗어나기 위해 그렇게 할 것이라고 쇼펜하우어는 추정했다. 바로 제임스가 그런 사람이었다.

1865년, 제임스는 의학 공부를 중단하고 루이 아가시가 이끄는 아마존 탐사대에 합류했다. 그는 전쟁터에 나가기에 충분할 만큼 건강하지는 않았지만 그래도 여행은 할 수 있었다. 아가시는 로런스 과학 학교에서 제임스를 가르친 선생 가운데 한 명이었으며 미국 최고의 동물학자 겸 지질학자였다. 제임스는 생물학에 관심이 있어서 남아메리카로 간다고 핑계를 댔지만, 그 핑계로 23세 청년이 품은 모험심을 숨기기는 어려웠다. 하지만 모험을 위해서라고 고백했다면 가뜩이나 피상적인 여행이 더 피상적으로 느껴졌을 것이다. 제임스는 여행에 앞서 스스로에게 이렇게 말했다. "W. J., 이번 여행에서 너는 너 자신과 네가 지닌 여러 가능성을 지금보다 더 자세히 알게 될 것이고, 성격이 대폭 발전하고 확고해져서 돌아올 것이다."[16] 그는 자기를 발견하기 위해 여행에 나섰다. 그러나 이런 유형의 여행이 대개 그렇듯이, 그는 예상보다 더 많은 것을 발견했다.

제임스는 평범하지 않은 모험을 원했음이 틀림없다. 훗날 그의 제자 겸 친구 엘라 라이먼 캐벗Ella Lyman Cabot은 그저 단조로운 고역과 유의미한 노동을 구별한다. 후자는 주의집중, 노력, 경험을 포함한다. 또한 제임스는 당시 전쟁 중에 많은 이들이 맞서 싸우던 실존적 공포에 직면하기를 내심 바랐다.

아마존으로 가는 도중에 리우데자네이루에서 부모에게 쓴 편지에서, 제임스는 "이 여행의 공포는 〔곧〕 끝날 것입니다"라고 기뻐하며 말했다. 그러나 항해의 어려움을 서술할 때는 뿌리 깊은 성취감도 배어났다. "오, 악독한 바다! 빌어먹을 깊이! 바다에 나가 보지 않은 사람은 '악의 본성'에 관한 글을 쓰거나 악에 대한 견해를 가질 권리가 없습니다." 정말 그럴까? 그의 동생 윌킨슨은 포격을 받고 쓰러져 죽기 직전까지 갔다. 그런 윌킨슨은 악에 관한 글을 쓸 권리가 없을까? 그렇다, 오로지 애송이 항해자만 그럴 권리가 있다. 당시에 제임스는 자신을 드물게 강인한 사람이라고 자부했다. "거기에서 끔찍한 구렁텅이로 내던져지는 경험은 워낙 근본적이어서 도저히 생산적이지 않을 수 없습니다. 물론 내 경우에 생산된 열매가 무엇인지 말할 수는 없지만, 언젠가 그 경험으로부터 지혜가 나올 거라고 확신합니다."[17]

아무리 좋게 보더라도 이것은 허세였으며 자기 자신을 다잡으려 애쓰는 젊은이의 가식이었다. 괴테의 파우스트가 깊이 있는 경험을 갈망하면서 숭고한 대지의 정령을 불러내고는 그 정령 앞에서 곧장 웅크리는 모습이 연상된다. 파우스트는 제임스가 매우 좋아한 문학 속 인물 가운데 하나였다. 한마디로 제임스에게 세상은 너무 버거웠다. 결국 드러났지만, 제임스는 탐험가로 활동하기에 충분할 만큼 다부지지 못했다. 허리 통증, 장염, 일시적 시각 장애, 불안, 우울 탓에 그는 모험을 중단할 수밖에 없었다. 브라질 여행, 더 나아가 제임스의 이십대 중반 전체는 건강과 주변 상황에 대한 통제력 상실의 반복으로 요약될 수 있다. 단적으로, 그 아버지가 멋지게 치장해 주고 보호해 준 그의 자유의지는 그 모험을 감당할 능력이 안 되었다.

만성적인 질병은 신체적이건 심리적이건 상관없이 바다와 비슷한 구석이 있다. 끝이 없고 예측 불가능하며 인간이 계획하고 바라는 바에 전혀 아랑곳하지 않는 듯한 질병에 저항하는 것은 부질없게 느껴진다. 그런 질병은 환자를 끌고 내려간다. 일단 물속으로 들어가면 살아 있으려는 노력, 즉 숨 쉬기 자체가 죽음을 재촉한다. 아가시의 탐사대에서 제임스가 배운 바가 있다면, 우리의 이해와 통제를 벗어난 물리적 힘들이 인간의 삶을 거의 전적으로 지배한다는 것이었다. 우리의 자연적 조건 혹은 엄연한 동물성을 뛰어넘고자 최선을 다해 노력하는데도 말이다.

1866년, 보스턴으로 돌아와 의과대학에 복학한 제임스는 스토아주의자 마르쿠스 아우렐리우스를 꼼꼼히 공부하기 시작했다. 그는 그 철학자의 글을 하루에 두세 페이지만 읽었다. 이 스토아주의자의 메시지는 소화하기가 약간 어렵다는 것을 나도 인정한다. 제임스는 마르쿠스 아우렐리우스를 '마크'라는 친근한 호칭으로 불렀다. '마크'에 따르면, 인간은 세 부분으로 이루어졌다. '약간의 살', '어느 정도의 숨', 그리고 이른바 '지배하는 부분'이 그것이다. 처음 두 부분은 연약하고 일시적이다. 다시 말해 우리의 몸과 숨은 덧없다. 그 덧없음은 비극적일 정도로 끔찍하다. 삶의 마지막 날에 우리는 그라인더를 향해 미끄러지는 고기 자루와 다를 바 없다. 제임스는 대양의 힘과 심각한 질병에 직면한 경험이 있었기에, 이런 사실을 너무나 잘 알았다. 반면에 '이성'으로 번역되기도 하는 '지배하는 부분'은 인간의 비극적 조건에 대처하는 메커니즘이다. 이 통제부는 인간의 끔찍한 유한성을 직시할 수 있으며, 우리의 삶을 어떤 잔혹한 현실과도 조화를 이루도록 조율할 수 있다. 이는 그저 '웃으면서 견뎌내라'라고 하는 철학에 불과한 것이 아니다. 흔히 사람들은 스토아주의를 그런 철학으로 거론하지만 말이다. 오히려 이것은 자신의 삶을 자연의 잔혹한 필연과 조화를 이루게 하려는 노력이다. 나이를 먹으면 흰 머리, 질병, 죽음을 받아들이는 법을 배우는 것이 최선이다. 어차피 그것들이 당신을 찾아올 것이다.

1866년 6월, 제임스는 한바탕 병을 앓고 막 회복한 연하의 친구 토머스 워드에게 편지를 쓴다. 마르쿠스 아우렐리우스를 읽으라고 재촉하면서, 제임스는 이렇게 조언한다.

> '자연과 일치하는 삶', 곧 너의 개인적 의지가 자연의 의지와 조화를 이루어 자연이 너에게 무엇을 부과하든지 네가 기뻐하며 묵묵히 받아들이는 그런 삶에 대한 사랑을 품을 수 있는 마르쿠스 아우렐리우스 같은 사람이라면 누구나, 네가 영영 파악하지 못할 자연이라는 방대한 장치 속에서 모종의 목적에 종사함을 알 것이라고 나는 느껴. 그렇게 할 수 있는 사람을 보는 것은, 단언컨대, 즐거운 일일 거야. 삶에서 그 사람의 운이 어떠하든 상관없이 말이지.[18]

바꿔 말하면, 사람에게서는 모든 것을 떼어낼 수 있지만, 그가 처한 끔찍한 상황에 대한 자유로운 반응만은 떼어낼 수 없다. 이것이 스토아주의적 희망, 즉 제임스가 친구 워드에게 추천한 희망이었다.

그러나 제임스가 스토아주의자가 되기에는 한 가지 작은 문제가 있었다. 스토아주의는 마르쿠스 아우렐리우스가 통치한 로마

제국의 특수한 정신적 태도, 그리고 그 여파 속에서 등장한 기독교와 잘 어울렸다. 하지만 근대 과학의 관점과는 잘 들어맞지 않았다.

스토아주의는 모든 사람이 두 가지 요소로 구성되어 있다는 전제를 주춧돌로 삼는다. 첫째 요소는 자연법칙에 종속된 신체적 자아, 둘째 요소는 자연의 작동 앞에서 자신의 방향을 설정할 수 있는 '지배하는' 영적 자아(영혼)다. 신체적 자아는 확실히 자유롭지 않은 반면, 이 '지배하는 부분'은 대단히 불행한 자신의 상황에 어떻게 반응할지 다소 자유롭게 선택할 수 있다. 제임스가 성인이 된 1860년대 후반의 지적 문화는 이 같은 이중적 인간관을 떠받치는 종교적 토대를 의문시하기 시작했다. 영혼 따위가 존재하지 않는다면 어떻게 될까? 그러면 스토아주의자에게 그토록 중요한 '지배하는 부분'은 어떻게 될까?

자연과학, 특히 생물학과 생리학을 공부하면서 제임스는 인간은 '약간의 살'과 '어느 정도의 숨'이며, **단지 그뿐**이라고 주장하는 사상가들을 만나기 시작했다. 그 주장이 옳다면, 삶은 자연에 의해 완전히 결정된다. 사람이 사는 것은 길고 무의미한 비극을 겪는 것에 불과하다. 이 생각이 씨앗이 되어 훗날 제임스가 '결정론의 딜레마'로 명명한 것이 자라났다. 1860년대 후반의 제임스에게 결정론의 딜레마는 삶을 위태롭게 하는 위기의 원인이었다.

일반적으로 결정론이 발생하는 방식은 이러하다. 누가 당신에게 다음과 같은 대수로울 것 없는 질문을 던진다고 해보자. "당신은 과학을 믿습니까?" 제임스는 확실히 과학을 믿었으므로, 당신도 과학을 믿는다고 치자. 당신이 과학을 믿는다면, 당신은 아마 인과율도 믿을 것이다. 세계 안의 사건은 그것을 일으키는 특정 원인에서 비롯된다는 원리 말이다. 사람들은 여러 이유에서 인과율을 받아들이는데, 그 이유들은 합리적이면서 또한 매우 인간적이다. 그 원리는 사람들이 세계 안에서 목격하는 변화를 이해할 수 있게 해줄 뿐 아니라 자신의 행위가 모종의 변화를 산출할 수 있다고 주장할 수 있게 해준다.

인과율, 즉 원인과 결과의 원리를 받아들이지 않는 것은 우주가 엉망진창의 카오스일 뿐이라고 말하는 것과 기본적으로 같다. 따라서 당신이 모종의 인과율을 받아들인다고 가정하자. 또한 이것은 단지 논의를 명료하게 전개하기 위해서인데, 당신이 '충족이유율principle of sufficient reason'이라는 아주 기본적인 철학적 견해도 받아들인다고 치자. 이 견해에 따르면, 존재하는 모든 것은 다른 방식으로가 아니라 지금 이대로의 방식으로 존재할 이유가 있다. 이 견해는 충분히 설득력이 있다. 그렇지 않은가? 이 견해가 말하는 바는, **원리적으로** 모든 것은 그것의 원인들을 통해 설명할 수 있다는 것이다. 그 이상도 그 이하도 아니다.

우리는 자연 세계에 대한 우리의 이해에서 충족이유율이 더없이 명백하고 이론의 여지가 없는 방식으로 작동함을 확인할 수 있다. 아가시 탐사대의 배가 어떻게 브라질에 도착했느냐고 누가 묻는다면, 우리는 유체역학, 선박 추진 장치, 바람, 해류 등을 아주 자세히 서술하면서 배의 운동을, 즉 배가 특정 자연법칙들의 지배를 받으며 여기에서 거기로 어떻게 갔는지를 설명할 수 있다. 세계 안에서 자연적 대상의 존재와 위치는 한두 가지 원인이 아니라 무한정 긴 원인들의 연쇄에 의해 결정된다.

이런 식의 생각을 충분히 이어가면, 당신은 결정론에 도달할 것이다. 결정론에 따르면, 임의의 시점時點에서 어떤 상태가 주어져 있다면, 향후 그 상태가 어떻게 전개될지는 자연법칙에 의해 결정(혹은 확정)된다. 과거에도 늘 그러했고, 미래에도 늘 그러할 것이다. 제임스는 1884년에 결정론자의 견해를 이렇게 서술했다.

> 결정론은 이미 정해진 우주의 부분들이 미래에 다른 부분들이 어떠해야 할지를 절대적으로 결정하고 명령한다고 주장한다. 미래는 어떤 모호한 가능성도 품고 있지 않다. 우리가 현재라고 부르는 부분은 오직 단 하나의 전체와만 양립 가능하다. 영원한 과거로부터 확정된 그 유일한 전체가 아닌 다른 미래의 부분은 불가능하다. 전체가 모든 부분 각각의 안에 있으면서 그 부분을 나머지와 융합하여 절대적 통일체로, 쇳덩이로 만든다. 그 통일체 안에는 어떤 모호함도 없고, 전환의 기미도 있을

수 없다.[19]

얼핏 보면, 서양 철학사에서 진행된 상당히 따분한 토론처럼 느껴질 수도 있을 것이다. 실제로 결정론을 둘러싼 토론은 거의 2000년 동안, 그러니까 기독교의 발생부터 19세기 중반까지 대체로 따분했다. 사물에 원인이 있다고? 그래서 뭐가 어떻다는 것인가. 인간은 사물과 다르다. 인간은 영혼과 정신과 자유의지가 있으며 자신이 원하는 대로 행동할 수 있다. 그러나 제임스가 진지하게 철학에 뛰어든 때인 1860년대에는 토론에 쓰이는 용어들이 달라졌고, 결정론을 둘러싼 논쟁이 매우 흥미로워지고 불온해졌다.

1859년에 다윈의 《종의 기원》 출판을 계기로 유럽과 미국의 철학계에서 상당한 호응을 얻은 이단적인 생각이 있었다. 인간이 동물에 불과하다는 생각. 인간은 대단히 영리한 동물일지 몰라도 여전히 동물일 뿐이라는 생각. 다윈은 이렇게 명시적으로 결론 내리기를 회피했지만, 많은 이론가가 그의 진화론이 이 결론을 필연적으로 함축한다고 믿었다. 아무리 줄여 말하더라도, 다윈이 일으킨 파문 속에서 사람들은 그의 이론이 의미하는 바와 궁극적으로 향하는 결론을 이해하려 애써야 했다. 제임스의 친구 겸 동료, 조사이아 로이스Josiah Royce는 제임스가 사상가들의 모임인 이른바 '2세대' 진화 이론가들을 이끌며 인간 본성을 이해하는 어떤 참신한 방법을 확장하고 평가했다고 회고했다.[20]

가장 대담한 다윈 옹호자 겸 비교해부학 전문가 토머스 헉슬리Thomas Huxley는 1863년에 《자연 안에서 인간이 차지하는 위치를 뒷받침하는 증거Evidence as to Man's Place in Nature》를 출판하여 인간과 유인원의 밀접한 관련성을 명료하게 서술했다. 과거 세대의 철학자들은 비非인간 동물은 자연법칙에 의해 완전히 지배되더라도 인간은 모종의 방식으로 다르다고, 모종의 방식으로 자유롭다고 생각했다. 말하자면 그들은 호강을 누린 셈이었다. 헉슬리는 독자들을 이 생각에서 벗어나게 했다.

1865년, 23세의 윌리엄 제임스는 자신의 첫 서평을 《북아메리카 리뷰North American Review》에 발표했다. 헉슬리의 《비교해부학 입문 강의》 서평이었다. 제임스는 과학적 사실들을 옹호하는 헉슬리의 용기에 존경을 표하면서 그가 "(인간 생명을 포함한) 생명 현상을, 물질에 관한 일반 법칙이 그때그때 다른 모종의 개별적 원리에 종속된 결과로 보는 것이 아니라 그 법칙의 결과로 보는 견해"를 고수하는 것을 칭찬했다. 바꿔 말해, 제임스는 다른 동물들과 마찬가지로 인간도 자연법칙의 지배를 받는다는 헉슬리의 믿음에 반론을 제기할 수 없었다. 헉슬리처럼 제임스도 다윈의 가설을 옹호했다. 그러나 제임스는 또한 그 가설들의 귀결에 공포를 느꼈다. 제임스에 따르면, 헉슬리의 견해는 "적어도 가설의 수준에서 무신론적 경향을 띠었으며, 따라서 그 견해의 발전은 여러 뛰어난 사람들을 몹시 불안하게 만든다."[21] 그러나 제임스에게 더 심한 불안을 안겨주는 면모는 따로 있었다. 헉슬리의 물질주의는 인과적 결정론으로 치달을 조짐을 보이며 자유의지를 위태롭게 했다. 그리고 이 면모가 제임스를 뼛속까지 뒤흔들었다. 그는 대체로 반박할 수 없어 보이는 진화론의 발견들과 인간의 자유를 조화시킬 방법을 찾아내야 했다.

1860년대 중반에 제임스는 자주 흔들렸다. 그는 1867년에 의과대학에서 또 한 번 휴학했다. 그러나 이번에는 모험을 추구하기 위해서가 아니었다. 건강이 극적으로 악화되었기 때문이다. 그는 부분적 시각 장애, 두통, 메스꺼움으로 학업을 이어갈 수가 없었다. 그가 '등쪽 질환dorsal condition'이라고 부른 정체불명의 허리 통증 때문에 당시 스물다섯이었는데도 똑바로 앉거나 걸을 수 없을 때가 잦았다. 그는 옴짝달싹 못 하고 붙박였으며 무능력했다. 전혀 자유롭지 못했다.

제임스는 아버지의 격려를 받으며 독일로 떠났다. 부차적인 의도는 그곳의 유명한 생리학 연구실에서 일하는 것이었지만, 주된 바람은 베를린 외곽의 온천에서 몸을 웬만큼 추스르는 것이었다. 그러나 9월에 제임스는 드레스덴에서 아버지에게 편지를 써서 그 지역의 온천 치료법이 효과가 없다고 전했다. 자살을 생각하고 있던 그는 이렇게 고백했다. "권총, 단검, 둥근 그릇에 대한 생각이 저의 의식에서 부당하게 큰 부분을 차지하기 시작했고, 설령 위험한 변화라 하더라도 어떤 변화가 필연적이라고 생각하기 시작했습니다."[22]

무기력하게 시드는 것보다는 위험하고 자기파괴적인 방식으로라도 변화하는 편이 더 나았다. 자살은 적어도 수동성의 수렁과 대비되는 확실한 능동, 즉 제임스가 실제로 **할** 수 있는 행동이었다. 제임스가 품은 생각의 배후에서는 쇼펜하우어의 다음과 같은 일깨움이 어른거렸다. "자살은 최고의 겁쟁이 짓이라고… 자살은 그릇된 행동이라고 그들은 우리에게 말한다. 세계 안에서 모든 사람이 이론의 여지 없이 가장 확실하게 지닌 소유권은 자신의 생명과 몸에 대한 소유권인데도 말이다."[23] 자살은 삶을 포기하는 행위가 아니라 삶에 대한 권리를 주장하는 행위로 간주될 수 있다. 다른 방법으로는 통제할 수 없는 삶에 대한 권리 주장으로 말이다. 관건은 통제다. 제임스가 원한 것은 통제였다. 그는 자신의 의지가 미약하게라도 인과적 작용력을 발휘한다는 느낌을 갈망했다. 그리하여 그는 죽음을 통제하는 것을 고려했다. 삶의 가장 필연적인 면모로 느껴지는 죽음을, 삶이라는 병적 농담의 멍청한 핵심 구절을, 인간 실존에서 애초부터 정해진 듯한 부분을 통제하는 것을.

《DSM-5》(《정신 장애 진단 및 통계 편람Diagnostic and Statistical Manual of Mental Disorders》 제5판)에 따르면, 자살 생각suicidal ideation은 정신 장애의 확실한 증상이다. 물론 제임스와 동년배인 프리드리히 니체는 이 진단 기준에 동의하지 않았을 것이다. 일부 사람들에게 자살 생각, 곧 자살의 가능성과 그 의미를 신중하게 생각하는 것은 실존의 난관에서 벗어나고 정신의 질서를 되찾는 방편 가운데 하나다. 1886년에 출판한 《선악을 넘어서》에서 니체는 이렇게 증언한다. "자살을 생각하는 것은 큰 위안이 된다. 그런 생각의 도움으로 사람들은 수많은 나쁜 밤을 성공적으로 통과한다."[24] 그 생각이 주는 위안은 적어도 두 가지 방식으로 표현할 수 있다.

마르틴 부버의 표현을 빌리면, 자살은 '뚜껑문trapdoor', 곧 탈출구로 보일 수 있다. 삶을 견디기 힘들 때, 그 뚜껑문은 어느 정도 정신의 평화를 제공할 수 있다. 나는 이렇게 말할 수 있을 것이다. "상황이 완전히 절망적이고 정말로 견딜 수 없으면 견뎌낼 필요가 전혀 없어. 바로 저기에 탈출구가 있거든. 언제라도 거기로 뛰어들 수 있어."[25] 극적인 대안이 늘 가용하다는 생각에 의지하여, 우리는 대혼란, 고역, 우울을 헤쳐나갈 수 있다. 기묘한 비실존의 평화가 위안을 주는 것이다.

그러나 자살 생각은 또 다른 다소 통상적인 이유에서도 위안을 제공할 수 있다. 삶이 엉망이 되었을 때, 삶이 너무 혼란스럽거나 너무 억압적일 때, 자살 생각은 우리가 궁극적으로 주도권을 쥐고 스스로 삶을 마감할 수 있다는 매혹적인 생각으로서 깊은 위안을 준다. 자살 역할 놀이(곧 보겠지만, 제임스는 온갖 치명적 화학물질을 즐겨 섭취했다), 실패한 자살 기도, 지속적인 자살 생각은 자신이 여전히 스스로 행동할 수 있음을, 다름 아니라 도저히 생각할 수 없는 행동이기 때문에 자유롭게 선택한 행동을 실행할 수 있음을 확인시켜 주는 증거의 구실을 할 수 있다. 아버지에게 편지를 쓸 당시에 제임스는 자유를 위한 엄청난 대가로서 자살을 숙고하고 있었다. 오로지 그 최대의 위험을 감수해야만 자유로울 가능성을 얻을 수 있다고 그는 느꼈다. 이와 관련하여 편지에서 언급된 '필연적' 변화를 다시 살펴볼 필요가 있다. 그 변화는 운명적이거나 절대적으로 결정된 방식으로 '필연적'인 것이 전혀 아니었다. 오히려 그가 스스로 변화를 일으킬 필요가 절실하게 있었던 한에서만 그 변화는 '필연적'이었다. 그는 중요한 결정을 내릴 필요가 있었다. 변화는 오직 그의 관점에서만 필연적이었다.

자살이 탈출구이건 대가가 너무 큰 승리이건 간에, 제임스가 보기에 자살은, 자신이 선택하지 않았으며 자신의 통제를 벗어난 상황 앞에서 선택할 수 있는 한 가지 대응이었다. 질병, 불안, 외로움, 불확실성이 중첩된 결과는 삶과 삶의 전망에 어떤 희망도 없다는 압도적인 느낌을 불러일으켰다. 그는 헉슬리를 읽고 다윈과 허버트 스펜서를 읽었지만 그들로부터 도움을 얻지는 못했다. 이들은 신비주의자인 그의 아버지가 한때 성취했던 '해방된 상태'는 단적으로 그의 깜냥을 벗어나며 인간의 삶은 정해진 운명을 초월할 수 없다는 느낌을 강화했을 따름이다.

결정론으로 고심하면서 제임스는 "결정론을 받아들이는 감정적 성향의 중심축은 우연의 개념에 대한 반감"이라는 것을 서서히 깨달았다. 우주가 대안적인 가능성들, 곧 유의미한 우연을 제공한다는 믿음은 결정론자가 인과율에 대해 품은 엄격한 신념을 교란했다. 그리고 교란은 결정론자가 용납할 수 없는 것들 중 하나였다. 결정론자의 견해에 따르면, "우연은 멀쩡한 정신이라면 세계 안에서 한순간도 용인할 수 없는 개념이다"[26]라고 제임스는 썼다. 반면에 젊은 제임스가 용인할 수 없는 것은 우연 없는 세계가 함축하는 비관주의와 운명론이었다.

가능성 인정하기를 거부하는 결정론은 자유의지의 의미를 훼손할뿐더러 모든 도덕적 판단을 헛되게 만든다. 심지어 명백히 악하거나 혐오스러운 사건까지 포함해 모든 사건은 결정론자가 보기에 반드시 그렇게 일어날 수밖에 없다는 점을 상기하라. 더없이 잔혹한 살인이나 증오 범죄를 생각해 보자. 가해자는 그 행위를 의도해서 했을까? 그에게 진정한 선택권이 있었을까? 그는 범행을 피할 수 있었을까? 결정론자는 '아니다'라고 대답한다. 이 경우에 뉘우침, 후회, 도덕적 책임은 의미가 없거나, 있더라도 미미하게만 있다. 다르게 행위할 수 있었다거나 다르게 행위했어야 마땅하다는 개탄은 아무 소용이 없다. 마땅한 행위를 뜻하는 '당위'라는 단어는 행위자가 다양한 대안 가운데 하나를 선택할 수 있음을 전제한다. 그런데 결정론자는 이 전제를 절대로 받아들이지 않는다. "우주는 그냥 이대로 우주다." 그 이상도 그 이하도 아니다. 그리고 개인은 우주를 변화시킬 능력이 없다. 한마디로 사람에게는 가능성이 없다. 이 철학적 관점이 당신을 몹시 불편하게 한다면, 당신은 외톨이가 아니다. 제임스도 이런 관점을 끔찍하게 싫어했다. 그러나 1870년대 초반에 그는 결정론적 세계관 안에 갇혀 말 그대로 마비된 상태였다. 그 세계관은 그가 공부하는 여러 경험과학 및 자연 세계의 인과 관계와 잘 어울렸다. 하지만 더 직접적인 설득력도 있었다. 그 세계관은 제임스 자신의 개인적 정신 상태를 완벽하게 설명해 주었다. 그토록 완벽한 설명을 제공하는 세계관이 그릇된 것일 리 없었다.

제임스는 자신이 완전히 무력하다는 느낌을 떨쳐낼 수 없었지만, 자신의 우울을 친구들과 가족이 대체로 알아채지 못하도록 용케 숨겼다. 몇십 년 후 《종교적 경험의 다양성Varieties of Religious Experience》에서 '아픈 영혼sick soul'에 대해 서술할 때도 그는 그런 내용을 정체불명의 '프랑스인 서신 교환자'의 보고로 가장하면서 자기 자신이 아픈 영혼이라는 사실을 여전히 숨기려 했다. 훗날 제임스의 아들 헨리가 밝혔듯이, 실제로 그 내용은 제임스 자신의 심각한 상태를 가리켰다. 제임스는 이렇게 쓴다. "이 철학적 비관주의와 나의 전망에 관련해 전반적으로 우울함에 빠져 있었을 때, 나는 어느 날 해 질 녘에 옷방에 들어갔다. 어떤 물건을 꺼내러 갔는데, 갑자기 아무 예고도 없이, 마치 어둠 속에서 튀어나온 것처럼, 나 자신의 실존에 대한 끔찍한 공포가 엄습해 왔다."[27] 그와 동시에 그가 어느 정신병원에서 보았던 뇌전증 환자의 환영이 눈앞에 나타났다. 검은 머리카락과 초록색이 감도는 피부에 무릎을 가슴까지 끌어당기고 벤치에 앉아 있는 그 환자는 "이집트의 고양이 조각 혹은 페루의 미라 같았으며 오직 까만 눈동자만 움직였다."[28]

뇌전증은 만성 장애다. 일시적으로 증상이 사라질 수도 있지만, 장애는 그대로 유지된다. 일시적으로 사라진 증상은 다시 발현할 때를 기다린다. 뇌전증의 원인은 불명확하지만 증상은 그렇지 않다. 반복되는 격심한 경련이 몸을 망가뜨리고 환자의 실존을 완전히 지배한다. 뇌전증 환자는 인간의 형태를 띤 결정론이다. 제임스는 그 웅크린 인물을 보자마자 "저 모습은 나다"라고 결론 내리고 이렇게 덧붙였다. "저 운명의 시간이 그에게 닥친 것처럼 나에게 닥친다면, 내가 소유한 어떤 것도 나를 저 운명으로부터 보호할 수 없을 것이다."[29] 이는 그저 일시적 깨달음이 결코 아니다. 오히려 이 깨달음은 아픈 영혼인 제임스의 평생에 걸쳐 반향을 일으킨다. 그는 이렇게 말한다. "나는 아침마다 뱃속에 끔찍한 두려움을 품은 채로 깨어났다.… 그 두려움은 차츰 잦아들었지만, 여러 달 동안 나는 어둠 속에 홀로 들어갈 수가 없었다."[30]

프랑스 실존주의가 유럽을 덮친 때보다 거의 한 세기 전에 윌리엄 제임스는 더없이 극심한 실존적 불안을 명확히 서술했던 셈이다. 만약에 제임스가 경험한 메스꺼움nausea이 그가 주변의 케임브리지 시민들에게서 목격한 생각 없는 낙관주의와 뚜렷이 대비되지 않았다면, 그 메스꺼움은 그를 덜 쇠약하게 만들었을 것이다. 제임스는 이렇게 쓴다. "어떻게 다른 사람들이 삶의 표면 밑에 있는 그 불안정의 구덩이를 그토록 의식하지 않고 사는지, 어떻게 나 자신도 과거에 그렇게 살았는지 의아해했던 것을 나는 기억한다."[31]

20세기에 제임스의 글을 많이 읽은 장폴 사르트르는 저서 《구토Nausea》('nausea'의 번역어로는 '구토'보다 '메스꺼움'이 더 적합하지만, 이 작품의 제목은 굳어진 관행대로 '구토'로 번역한다—옮긴이)에서 같은 취지를 이렇게 표현한다. "이 행복하고 합당한 목소리들 사이에서 나는 외톨이다. 이 모든 피조물은 자신들이 서로 동의한다는 것을 행복하게 깨닫고 설명하면서 시간을 보낸다. 모두가 똑같은 생각을 하는 것이 대관절 왜 그토록 중요한가?"[32] 일상의 정상성正常性은 아픈 영혼의 소외를, 실존 전체가 망가졌다는 느낌과 믿음을 심화할 따름이다. 제임스의 표현을 빌리면, 아픈 영혼 혹은 이런 "병적인 정신으로 보면, 건강한 정신은 그야말로 이루 말할 수 없이 맹목적이고 얄팍하게 느껴진다."[33]

명확히 해둘 점이 있다. 제임스는 독자의 영혼을 병들게 하려고 영혼에 관한 글을 쓴 것이 아니다. 그의 의도는 실존적 불안이나 병적 우울을 일으키는 것이 결코 아니다. 건강한 정신을 지닌 사람들은 그 자신이 직면한 무력감과 절망을 전혀 경험하지 않는다는 사실을 그는 알았다. 이는 그들에게 좋은 일이었다. 그들은 참으로 운 좋은 사람, 세계를 끌어안을 준비가 된 채 세계에 들어온 '한 번 태어난 사람'이었다.[34] 그러나 제임스는 훨씬 더 다양한 개인들을 인정하고 서술하고자 했다. 철학적 관점이 다양하며 흔히 심리적 성향도 다양한 개인들을 말이다. 다양한 태도와 도덕적 기질氣質을 명확히 서술하는 작업에 몰두하면서 그는, "하지만 내가 이 태도들 가운데 어떤 것이라도 최종적으로 **평가하겠다고** 나서는 것이 아님"을, "나는 다만 이 태도들의 다양성을 서술할 따름"임을 알아달라고 요청한다.[35] 아픈 영혼에 관한 제임스의 서술이 건강한 정신을 지닌 사람들을 위해 의도한 바는 그들에게 그들이 사는 동일한 세계의 대안적 그림을 보여주는 것이다. 아픈 영혼을 지닌 사람들에게 그 서술은 그들이 완전히 고립된 채 고통을 겪는 것이 아니라는 사실을 증언한다. 아르투어 쇼펜하우어의 말마따나, 그들에게는 함께할 비참한 동반자가 있다. 제임스라는 동반자가.

2장

자유와 삶

삶이 힘들다는 사실, 사람들이 힘들게 일하고 아픔을 겪어야 한다는
사실 자체에는 사람을 분개하게 만들 만한 구석이 전혀 없다.
이 세상의 조건은 단적으로 그러하고, 우리는 그것을 견뎌낼 수 있다.
— 윌리엄 제임스, 〈전쟁과 대등한 도덕적 과제〉, 1906

19세기 후반의 몇몇 미국 사상가와 마찬가지로 제임스는 실존적 환멸이 지속될 가능성을 고려했다. 그의 시대는 (우리의 시대와 달리) 낙관주의의 시대로, 계몽과 행복의 정점을 코앞에 둔 시대로 여겨졌다. 그러나 제임스는 낙관주의를, 그리고 계몽을 엉터리로 여기는 지식인이 많음을 알고 있었다. 그리하여 그 지식인들은 '쾌락불감증anhedonia', 곧 기쁨을 느끼는 능력의 상실이라고 부를 수밖에 없는 침울함melancholy을 경험했다. 훗날 제임스는 자신의 만성적인 우울을 묘사하면서, 1867년에 아마존을 항해했을 때 겪은 최악의 순간을 떠올리며 이렇게 쓴다. "긴 뱃멀미는 거의 모든 사람을 일시적 쾌락불감증에 빠뜨릴 것이다. 지상이나 천상의

그 어떤 좋은 것을 상상하더라도, 결국 역겨워하며 등을 돌릴 것이다."[1]

우리, 사실을 직시하자. 현실은 절망으로 가득하다. 한번 둘러보라. 주의 깊게 살펴보면, 고통은 예외가 아니라 규칙이다. 그리고 아픈 영혼을 지닌 사람들은 매우 주의 깊게 살펴보는 경향이 있다. 그들은 비교적 건강한 정신을 지닌 사람이 기꺼이 외면하는 바를 알아챘다. 인간과 비인간을 막론하고 무릇 삶은 운명적으로 결정되어 있음을, 더구나 그 운명은 가능한 모든 세계 중 최선의 세계를 운운하는 낙관주의와 사뭇 다름을 알아챘다. 이 임박한 파멸을 우리의 선사 시대에서 읽어낼 수 있다고 제임스는 설명한다. "박물관에 보관된 두개골들의 이빨은 과거 오랜 세월 동안 날이면 날마다, 운명적인 절망으로 몸부림치는 사냥감의 몸을 힘껏 깨물었다."[2] 이것이 다윈의 적자생존에 담긴 도덕적이며 절실하게 개인적인 의미다. 약자는 파멸할 것이다. 그리고 시간이 충분히 지나면 어떤 놈이든지 약해진다. 우리 주위를 둘러보면 이 생각이 뼈저리게 와닿을 것이라고 제임스는 주장했다.

> 여기, 우리의 난롯가와 정원에서 악마 같은 고양이가 헐떡거리는 생쥐를 가지고 놀거나 따스한 체온으로 퍼덕거리는 새를 물어뜯는다. 악어와 방울뱀과 비단뱀은 지금 이 순간 생명이 깃든 물체로서 우리와 대등하게 실재한다. 이놈들의 혐오스러운 실존이 지루하게 이어지는 모든 날의 모든 시간을 채운다. 이

> 놈들이나 다른 야수들이 살아 있는 사냥감을 덮치는 상황에서 명실상부하게 옳은 반응은 흥분한 우울증 환자가 느끼는 치명적 공포다.[3]

제임스는 신중하게 단어를 골랐다. '치명적 공포.' 그렇다, 그 공포는 사람을 높은 곳에서 뛰어내리게 하거나 서까래에 매단 밧줄에 목을 매게 만들 수 있다. 그러나 침울한 사람도 살아갈 수 있다. 하지만 그러려면 암반에 부딪힐 때 일어나는 근본적 변환이 필요하다고 제임스는 말한다. 실존의 공포를 견디려면, 아픈 영혼은 '두 번 태어나야' 한다. 바꿔 말해, 삶이라는 행위를 사랑하거나 최소한 참아내기 위하여 다시 태어나야 한다.

그런 심리적 부활 행위가 과연 어떻게 실행될지, 나 같은 사람에게서 그런 일이 어떻게 일어날 수 있을지, 나는 여러 번 (학술적이지 않은 방식으로) 의문을 품었다. 단순히 절망의 구덩이에서 맨 밑바닥에 이르러 올라갈 길만 남는 것이 관건일까? 아픈 영혼은, 말하자면 '바닥을 쳐야' 하는 걸까? 이런 생각에 중요한 무엇인가 있음이 틀림없지만, 솔직히 나는 아픈 영혼의 부활이 **정확히** 어떤 것인지 전혀 모른다. 단계적 설명조차 제시할 수 없다. 이렇게 밑자락을 깔았으니 이제 감히 말해 보는데, 아픈 영혼의 부활은 온전히 서술될 수 있는 경험이 아니라고 나는 짐작한다. 어쩌면 그것은 '둘째 바람(새로운 활력)'과 비슷할지도 모른다. "대다수 사람은 첫 바람을 타고 충분히 멀리 나아가지 못하기에 자신에게 둘째 바람이 있음을 영영 깨닫지 못한다"[4]라는 문장은 제임스가 쓴 것으로 추정되는데, 어쩌면 제임스는 이 문장을 쓸 때 아픈 영혼의 부활을 둘째 바람에 빗대었을 것이다. 그러나 그 부활은 둘째 바람보다 더 근본적인지도 모른다.

제임스와 같은 시대에 활동한 미국 동식물 연구자 존 뮤어는 로키산맥에서 도보 여행을 했던 경험을 독자들에게 들려준 바 있는데, 그 이야기는 내가 아픈 영혼이 두 번 태어난다는 것의 본질이 무엇인지 이해하지는 못하더라도 그것을 상상하는 데 도움을 주었다. 아픈 영혼은 도저히 통과할 수 없는 난관에 봉착한다. 그런데 그 난관의 통과가 갑자기 가능해진다. 뮤어는 이렇게 회고했다. "정상에 이르는 거리의 중간쯤에서 안전한 지점을 확보했을 때, 나는 갑자기 죽은 듯이 얼어붙었다. 양팔을 한껏 벌리고 암벽에 바싹 달라붙은 자세였는데, 손이나 발을 위로도 아래로도 움직일 수 없었다." 뮤어에 따르면, 영락없이 십자가에 매달린 꼴이었다.

> 나의 운명은 정해진 듯했다. 추락할 것이 **분명했다**. 당황스러운 순간이 찾아올 테고, 이어서 단 하나의 벼랑을 따라 생명 없이 덜컥거리며 아래의 빙하로 떨어질 터였다. 이 최후의 위험이

> 뇌리에 떠오르자, 나는 산에 발을 들인 이래 처음으로 신경이 곤두섰고, 나의 정신은 자욱한 연기로 가득 찬 것만 같았다.[5]

우리는 뮤어가 끔찍한 사고로 죽었으려니 짐작하게 된다. 확실히 뮤어 자신의 예상도 그러했다. 그의 "운명은 정해진 듯했고", 어둠이 깔렸다. 그러나 그 숙명의 한복판에서 암벽 등반가는 구원을 받았다고 보고한다. 뮤어에 따르면, "그 섬뜩한 암흑은 겨우 한순간 지속되었는데, 그때…나는 갑자기 새로운 감각을 얻은 것 같았다. 또 다른 자아, 본능, 혹은 수호천사—이름은 뭐라 불러도 좋다,—아무튼 그것이 나서서 통제권을 쥐었다." 이 구원을 일으킨 것이 무엇 혹은 누구인지는 불명확하다. 그러나 뮤어는 넘쳐 흐르는 새 힘에 의해 벼랑에서 구조된 산증인이었다.

> 떨리던 근육은 안정을 되찾았고, 암벽의 모든 틈새와 홈이 마치 현미경으로 보는 것처럼 보였다. 나의 팔다리는 정확하고 자신 있게 움직였으며, 나 자신은 그 움직임과 아무 상관이 없는 듯했다. 설사 내가 날개를 달고 높이 떠올라 감독했다 하더라도, 나의 탈출 동작이 이보다 더 완벽하지는 않았을 것이다.[6]

우리의 세속적 사회에서 대다수 사람들은 천사들이 뮤어를 구했다고 믿지 않겠지만, 죽음에 직면하면 예상 밖의 강력한 추진력이 살아날 수 있음을 어쩌면 인정할 것이다. 정확히 암흑의 순간, 끔찍한 위기의 순간, 심지어 자살 위기의 순간에 우리는 아직 개발되지 않은 자원을 발견한다. 그때 당신이 죽지 않고 살아남는다면, 삶이 그리 나쁘지 않게 보일 것이다. 물론 이런 유형의 부활이 반드시 일어난다는 보장은 없다. 그러나 뮤어의 사례는, 재앙 앞에서 다시 태어난다는 생각이 불가능하거나 부조리하지 않음을 시사한다. 기회는 있다. 실제로 추락으로 자살을 시도했다가 실패한 많은 사람들이 교량이나 발코니의 난간에서 손을 떼자마자 후회했다고 보고한다. 거의 미친 듯이 살고 싶은 욕망과 짝을 이룬 후회. 그들은 자신의 운명이 완전히 봉인된 뒤에야 살 용기를 발견한다.

윌리엄 제임스는 1870년 봄에 다시 태어났다. 정확한 날짜는 알 수 없으나, 그가 1870년 4월 30일에 적은 일기는 그 경험을 이렇게 이야기한다. "나는 어제가 내 인생에서 위기였다고 생각한다. 나는 르누비에의 《에세이Essais》 제2권을 완독했는데, 자유의지에 대한 그의 정의—'다르게 생각할 수도 있는데, 내가 선택해서 한 생각을 유지하기'—가 왜 꼭 환상에 대한 정의여야 하는지 모르겠다."[7] 프랑스 사상가 샤를 르누비에Charles Renouvier는 오늘날의 기준으로는 '철학자'라고 할 수 없을 것이다. 그는 교수가 아니었다. 그는 학자로서 공식적인 훈련을 피했으며(그가 견뎌낸 약간의 훈련은 "나에게 아무것도 가르쳐주지 않았다"라고 그는 주장했다) 방대하고 변덕스러운 글을 남겼다. 일생의 대부분을 은둔자로 살았지만, 미국 프래그머티즘의 진로에 르누비에만큼 극적으로 영향을 미친 19세기 사상가는 별로 없다. 그는 제임스의 평생 친구인 찰스 샌더스 퍼스Charles Sanders Peirce에게 영감을 주어, 퍼스는 '우연주의tychism'라는 우연에 관한 이론을 개발했다. 제임스의 삶에서 르누비에가 한 역할은 더욱더 극적이다. 르누비에가 제임스의 삶을 구원했다. "제임스의 사상에 가장 큰 영향을 미친 단 한 명의 개인을 꼽는다면, 바로 르누비에다"라고 한 랠프 바턴 페리의 말은 옳다.[8]

르누비에는 파리 에콜폴리테크니크(공과대학)에서 공부했다. 당시 그곳에서는 실증주의자 오귀스트 콩트가 수학과 강사로 일하고 있었다. 콩트의 완강한 결정론 옹호에 필적할 상대는 헉슬리가 유일했다. 실증주의에 따르면, 철학의 의미—더 나아가 삶의 의미—는 오로지 물리적 사실들에 집중함으로써 객관적 확실성을 성취하는 데 있었다. 사람이 알 수 있고, 따라서 알 필요가 있는 것은 관찰 가능한 사실들이 전부였다. 실증주의자들은 의미, 가치, 심리에 관한 질문을 대체로 외면했다. 의미, 가치, 심리는 정량화할 수 없는 것들이어서 대책 없이 모호했다. 오로지 진리들에 의지하는 편이 더 나았고, 오직 과학만이 진리들을 뒷받침할 수 있었다. 르누비에 같은 사상가가 볼 때 이런 태도는 안타깝게도 인간에게 가장 중요한 개념들과 생각들을 무시하는 것을 의미했다. 이를테면 자유의지의 개념 말이다.

거의 확실히 추측건대, 제임스는 르누비에의 《에세이》에서 '자유 그 자체에 관하여'라는 절을 읽다가 깨달음에 이르렀을 것이다. 그 프랑스인에 따르면, 우연, 형이상학적 무작위성을 뜻하는 우연뿐만 아니라 자유로운 기회를 뜻하는 우연도 "구체적 사태들의 세계에서 배제하기는 불가능"했다. 한 개인의 의지가 "기계적 계열의 논리적 연속성을 끊고, 다른 현상 계열의 첫 원인이 될 수 있다"라고 르누비에는 쓴다.[9] 이것이 '자유 행위'의 정의였다. 제임스는 처음으로 자유 행위를 시도할 참이었다. 르누비에를 읽으면서 제임스는 (지적인 의미에서) 자유의지를 믿는 것으로는 부족하다는 것을, 턱없이 부족하다는 사실을 깨달았다. 《에세이》의 가르침을 제대로 파악하려면, 행위 혹은 감행敢行이 필요했다. 자유의지를 옹호하는 논증이 옳다고 증명될 수도 있을 것이다. 그러나 그 논증의 타당성과 건전성은 오로지 삶에서 이루어지는 활동으로만 나타난다. 《에세이》 제2권을 읽으면서 제임스는 감행하기로 결심했다. 그는 이렇게 단언한다. "나의 자유의지의 첫 행위는 자유의지 믿기가 될 것이다."[10] 이 말을 통해 그는 다시 태어났고 그의 삶은 차츰 (가다 서다 반복하며) 바뀐다.

1871년, 제임스는 다시 과학 공부를 시작했다. 또한 하버드 의과대학에 실험생리학과를 설립하기 위한 운동에 헨리 보디치와 함께 나섰다. 기억하겠지만, 보디치는 겨우 1년 전에 제임스로부터 "삶이 역겹다"라는 토로를 들었던 절친한 친구다. 하지만 이제 제임스는 달라져 있었다. 1872년 4월, 제임스는 하버드 칼리지에서 학부생에게 '비교해부학과 생리학'이라는 과목을 가르치라는 제안을 비공식적으로 받고 수락했다. 세속적인 어른의 관심사—각종 요금 지불, 가족 부양, 영혼 팔이—도 그의 강사직 수락에 한몫했지만, 그것만이 유일한 이유는 아니었으며 가장 중요한 이유도 아니었다. 교직은 그의 천직이 될 터였고, 르누비에 덕분에, 그는 이제 그 천직을 자유롭게 받아들일 수 있었다. 그가 가르칠 과목은 생리학이었지만, 19세기에 생리학은 거의 곧바로 심리학과 철학을 향해 열려 있었다. 그는 하버드 대학교에서 이 세 분야를 거의 40년 동안 누빈다. 그러나 1873년의 다음과 같은 언급에서 보듯이, 그가 가장 고향처럼 느낀 분야는 철학이다. "그럼에도 나는 철학을 나의 천직으로 여길 것이며, 철학을 공부할 기회가 온다면 절대로 놓치지 않을 것이다."[11]

제임스가 철학을 끌어안는 능력을 계발하게 된 데에는 르누비에의 영향이 컸다. 그는 제임스에게 끌어안을 가치가 있는 철학을 선사했다. 제임스가 르누비에에 관하여 쓴 수많은 메모 중 하나에는 이런 구절이 나온다. "고맙습니다. 나는 이해할 수 있으며 합리적인 자유의 개념을 처음으로 얻었습니다. 나는 그 개념을 거의 전적으로 받아들입니다." 제임스는 고마움을 사적인 영역에 묻어두지 않고 주간지 《네이션The Nation》에 발표한 글에서도 표현했다. 1873년에 그 매체에 실은 글에서 그는 르누비에의 《철학적 비판La critique philosophique》을 높이 평가했다. 그 책은 실증주의 및 영국 경험주의 일부와 뚜렷이 대비되는 내용인데도 말이다. 제임스에 따르면, 거의 알려지지 않은 이 텍스트에서 주목할 만한 대목은 '절대적 시작, 곧 자유의지의 가능성'을 고수한다는 점이다.[12] 같은 해 3월, 제임스는 아버지의 집으로 들어가 그 자신의 '절대적 시작'을 증명했다. "소중한 나여! 지금의 나와 지난 봄 이맘때의 나는 정말 얼마나 다른가. 그때는 우울증이 심했는데, 지금은 나의 정신이 맑아지고 온전함을 되찾았다고 느낀다. 이것은 삶과 죽음의 차이다."[13]

다 진심에서 우러난 말이었지만, 우울한 사람은 좋은 날씨에서도 강한 불신의 빌미를 보고 심지어 경험하기 마련이다. "이것이 진실일 리 없다. 여러 해 동안 서서히 진행하며 나를 괴롭혀온 질병의 끝일 리 없다. 이 상태는 오래가지 않을 것이다. 확실히 이 자유와 기쁨은 기껏해야 요행이다. 최악의 경우, 상황이 더 심각해졌음을 알려주는 확실한 신호다. 내가 완전히 망상에 빠졌다는 신호." 심리적 호전好轉을 누리는 일이 드문 사람은 지속적인 슬픔보다 그런 변화에서 더 심하게 불안해질 수 있다. 그것은 한결같음에서 이탈했다는 신호, 더 심각할 경우, 예상하지 못한 병의 악화가 임박했을 가능성이다. "내가 나 자신을 다시 느끼는 것, 바꿔 말해 끔찍한 느낌이 드는 것은 단지 시간문제다." 이것이 두 번 태어나기에 동반된 위험이다. 두 번 태어난 사람은 또다시 죽어야 할 가능성에 항상 노출된다.

1873년 5월, 제임스는 다시 추락했다. 특별한 이유는 없다. 당신이 다시 태어났다는 것은 당신이 또다시 죽는 것 같은 느낌이 가끔 생기지 않는다는 것을 의미하지 않는다. 자유의지가 모종의 인과적 효력을 지녔다는 르누비에의 말이 옳을 수도 있겠지만, 제임스는 자신을 "주된 문제가 신경쇠약인 듯한데도 항상 진정鎭靜을 갈망하는 사람"[14]으로 느꼈다.

불면증 환자들은 행복한 숙면을 갈망하지만, 결코 그것을 허락받지 못한다. 신경쇠약에 걸린 제임스가 원한 것이 바로 숙면이었다. 그는 학기 중에 하버드 대학생 57명을 가르치며 기력을 소진한 상태였다. 강사로서 명성이 높아진 점을 감안하면, 그보다 두 배 많은 학생을 끌어모을 수도 있을 법했지만, 그런 일은 확실히 불가능했다. 한마디로 그는 그렇게 많은 학생을 감당할 수 없었다.

그 대신에 그는 당시 외국에 있던 동생 헨리에게 편지를 써서 다가오는 몇 달 동안 이탈리아에서 자신에게 거처를 제공할 학생이나 후원자를 구해 달라고 부탁했다. 제임스가 정상 궤도로 복귀하는 데 필요한 것은 훗날 그 자신이 '미국의 황량한 상황'[15]이라고 부르는 상황으로부터 잠시 벗어나 회복의 겨울을 누리는 것이 전부였다. 결국 드러난 대로, 이번만큼은 그의 생각이 옳았다. 유럽에서 보낸 휴가는 1년 동안 지속되었는데, 그 덕분에 제임스는 감정적 디딤판을 다시 얻었다.

제임스가 르누비에를 발견하고 그 결과로 자유의지를 재발견한 것은 언뜻 보면 철학적으로 미심쩍다. 당신은 자유의지를 행사함으로써 자유의지를 믿을 수 있을까? 이런 철학적 자가발전은 자기기만이거나 악순환인 듯하다. 그러나 1870년대 중반에 제임스는, 전통적인 견해와 달리 인간 이성이 논리적 규칙들에 엄격하게 지배되지 않을 가능성을 고려하기 시작했다. 실제로 몇몇 믿음은 논리적으로 완전히 도출될 수도 없고 경험적으로 입증될 수도 없지만, 삶은 흔히 그 믿음들을 품으라고 우리에게 요구한다. 제임스가 보기에 자유의지에 대한 믿음은 논리적으로 보증된 것이 아닐지라도 중대한 **실천적** 가치를 지녔으며, 이 가치는 그가 소중히 품은 '나는 자유롭다'라는 명제의 진릿값과 따로 떼어놓을 수 없었다. 제임스가 믿음을 설렁설렁 다룬다고 호되게 나무라기 전에, 당신이 자명하다고 여기는 필수적인 진리들을 잠시 돌이켜보라. 내가 말하는 것은 당신이 타인들 및 세계 전체와 맺은 관계를 지탱하는 진리들, 정말로 당신의 삶과 직결된 진리들이다. 그 진리들은 완벽하게 입증되거나 반증된 것들인가? 당신은 당신의 믿음을 절대적으로 확신하는가? 당신은 그 믿음을 품을 자격을 절대적으로 갖췄는가? 당신이 가장 소중하게 품은, 세계에 관한 생각들은 객관적으로 확실히 옳은가? 제임스는 그렇지 않다고 본다. 일상다반사로 우리는, 유의미한 행위를 위한 작업가설 혹은 계획의 구실을 하는 지침들에 따라 행동한다. 그 지침들은 우리의 삶에서 특정한 목적에 종사하면서 실천적인 작용을 한다. 물론 믿음이 단지 '의견'에 불과하다고 말하려는 것은 아니다. 비록 믿음이 우리의 일상적 의견들에 스며드는 것은 확실하지만 말이다. 오히려 내가 말하려는 바는, 합리성 혹은 지성은 우리의 생각을 창출하고 유지하는 여러 생산적 힘 가운데 하나일 뿐이라는 것이다. 1870년대 후반에 쓴 에세이 〈합리성이라는 감정적 성향The Sentiment of Rationality〉에서 제임스는 이렇게 말했다. "우리가 겉모습을 어떻게 꾸미든 간에, 우리가 우리의 철학적 의견을 형성할 때 우리 안에서는 한 사람 전체가 작업을 한다. 실천적 사안을 다룰 때와 마찬가지로, 지성, 의지, 취향, 격정이 협업한다."[16] 정신은 몸의 꼭대기에 설치된 계산기가 아니다. 정신은 우리의 감정과 선호를 지배하는, 몸 없는 계산기가 아니다. 프리드리히 니체가 《즐거운 학문》에서 한 말마따나, "우리는 생각하는 개구리가 아니다. 차갑게 식은 내장을 지닌 객관화 및 기록 장치가 아니다."[17]

마침내 삼십대 중반에 성년기에 진입하면서 제임스는 개인적이면서 또한 철학적인 다음과 같은 결론에 도달했다. "인간 정신의 작동은 항상 태도attitude, 기질temperament, 의지volition로 흠뻑 물들어 있다. 태도, 기질, 의지는 우리의 합리적 능력과 근본적으로 별개인, 인간 자아가 지닌 어떤 측면으로 여겨져 왔지만 말이다." 그는 1875년에 하버드 대학교에 있는 보디치의 해부학 실험실로 돌아와, 인간 정신이 얼마나 '신체화되어 있는지embodied'(곧, 몸으로 겪은 경험과 분리될 수 없는지), 얼마나 격정적이고 감정적인지 연구하기 시작했다. 우리가 '정신을 바꾸는 것'은 단순히 이성의 빛을 알아채는 것이 결코 아니다. 오히려 우리의 존재 전체를 바꾸는 것이다. 제임스의 표현으로는, '우리 안의 인간 전체'가 변화하는 것이다. 마찬가지로, 믿음과 핵심 가치들에 대해서 '결심할 때', 우리가 실제로 하는 일은 어떻게 살 것인지, 그리고 무엇이 되고자 하는지에 관한 결정을 내리는 것이다. 제임스는 르누비에의 도움으로 그런 결정을 내렸다. 그리고 1876년에 한 번 더, 이번에는 앨리스 하우 기븐스Alice Howe Gibbens라는 여성의 도움으로 그런 결정을 내렸다.

사랑에 빠지는 것과 자유의지를 믿는 것은 그리 다르지 않다. 양쪽 다, 경험적으로 입증되건 반증되건 상관없이, 근본적이며 삶을 변화시키는 작업가설이다. 양쪽 다 특정 유형의 믿음과 결부되어 있는데, 우리는 (기본적으로 맹목적인) 초기의 신념 행위에서 그 믿음을 따라야 한다. 어느 친구가 나에게 한 말마따나, 사랑에 빠지기는 처음에 적잖은 자기기만을 포함한다. 즉, 당신이 애인에 관한 '모든 사실'을 실은 모르면서도 마치 아는 것처럼 행동하는 것을 기꺼워하는 일이 포함된다.

제임스는 앨리스 기븐스에 관한 모든 사실을 알지는 못했지만, 두 사람이 1876년 봄에 만나기 전 그가 들은 소문은 기대를 품게 했다. 헨리 제임스 시니어는 그해 초 '보스턴 래티컬 클럽'에서 앨리스를 처음 만났다. 그리고 퀸시가 20번지의 집으로 돌아오자마자 윌리엄의 미래 신부를 만났다고 제임스 가문에 선언했다. 정말이지 그의 아들은 이 대단한 여성을 만나야 했다. 앨리스 기븐스의 친구인 시인 존 그린리프 휘티어John Greenleaf Whittier에 따르면, 그녀는 '여러 해에 걸쳐 유럽에 체류했는데도 오염되지 않은' 매우 '미국적인 아가씨'였다.[18]

기븐스는 '신세계New World'의 자식이었다. 관습에 얽매이지 않고 급진적이기까지 한 그녀는 남북전쟁 이후 몇십 년 동안 점점 더 늘어난 '보스턴 상류층'의 사회적 양심과 지적 호기심을 대표할 만했다. 제임스와 마찬가지로 앨리스도 강박적으로 자유에 매달렸지만, 조용하고 비교적 수수한 이 젊은 여성의 자유 강박은 제임스의 그것과 사뭇 달랐다. 서른 살의 제임스는 자유를 프로메테우스식 독립성과 '절대적 시작의 가능성'으로 이해한 반면, 앨리스의 관심사는 더 소박했으며 아마도 훨씬 더 실천적이었으리라. 그녀는 여전히 노동자, 소수 민족, 여성, 아동에 대한 지배와 무시를 전제로 삼은 미국 사회에서 자유가 실현될 가능성에 주로 초점을 맞추었다. 사회에 관심이 많고 정치적으로 적극적인 앨리스가 보기에 헨리 제임스 시니어는 그의 맏아들의 (19세기 작가들의 표현을 빌리면) '이웃 영혼adjacent soul'으로, 윌리엄 제임스가 르누비에를 만난 후 빠져든 급진적 개인주의의 아름다운 맞짝(반대되는 짝꿍)으로 느껴졌다.

제임스를 움직인 것은 앨리스가 그에게 적합한 동반자라는 아버지의 승인이었다. 그 승인은, 제임스가 그녀와 결혼한다면 오랫동안 재정 지원을 해주겠다는 약속의 형태로 제시되었다. 하지만 이런 정황은 제임스와 앨리스의 관계가 과도하게 결정되어 있었음을 시사한다. 1876년 상반기의 어느 시점에 제임스는 래디컬 클럽에서 자신과 앨리스 모두의 친구 겸 스승인 스코틀랜드 출신의 아리스토텔레스주의자 토머스 데이비드슨Thomas Davidson에게서 앨리스를 소개받았다. 데이비드슨은 저술이나 주장보다 학생을 가르치는 솜씨로 명성이 높았다. 제임스는 처음부터 앨리스에게 푹 빠졌고 채 1년도 지나지 않은 1876년 9월에 그녀에게 사랑을 고백했다.

> 나의 소중한 기븐스 양,
> 지금 내가 하려는 방식으로 당신의 무의식을 놀라게 하는 것은 범죄에 가까운 듯합니다. 그러나 7주 동안 지속된 불면증이 허다한 양심의 가책보다 더 중하며, 나의 능력 안에서 최대한 양심적으로 이 사안을 숙고할 때, 이 성급한 선언이 현재 내가 선택할 수 있는 다른 어떤 길보다 덜 악으로 물들어 있을 수도 있으리라 생각합니다. 불쑥 요점을 말하자면, 나는 사랑에 빠졌는데, **더 정확히 말해서** (나를 용서하세요) 바로 당신을 사랑합니다.[19]

오늘날 이 사랑의 맹세는 영원히 지속될 연애의 신호탄으로 평가되곤 한다. 신호탄이 발사되고 나면, 거기에 화답할지 말지는 상대방이 결정할 문제다. 신호탄을 쏜 사람은 그저 응답을 기다려야 한다. 그러나 제임스의 강력한 의지는 그런 수동성을 견뎌낼 수 없었다. 제임스는 앨리스에게 이렇게 설명했다. "내가 스스로 생각하기에 나의 의무는 명확합니다. 할 수 있다면 당신의 승낙을 얻는 것입니다."[20] 이제 그가 그녀에게 요구하는 바는 시도해 보라는 공식적인 허가였다. 제임스는 이렇게 썼다. "이제 내가 당신에게 간청하는 바는 그 성취를 가로막는, 절대로 제거할 수 없는 장애물이 혹시 이미 존재하는지 여부를 당신이 나에게 단정적으로 말해 주어야 한다는 것입니다." 이는 사랑에 빠지는 방식들 가운데 가장 섹시한 방식은 딱히 아니지만—사실 '사랑에 빠지기'와는 영 딴판이다—제임스가 할 줄 아는 유일한 방식이었다. 그는 사랑에 빠지기를 의지하고, 공들여 추구하고, 성취해야 했다.

앨리스는 쉬운 사냥감이었다. 사실 그녀는 너무 심하다 싶을 정도로 간절하게 사냥당하기를 바랐다. 이 편지를 쓴 후 몇 달 동안 제임스는, 대체로 늘 그랬듯이, 자신을 힘들게 했고 이제는 앨리스까지 힘들게 했다. 자유의지의 효력을 늘 의심하던 그에게 '자기태업self-sabotage'(자신의 계획이 실현되는 것을 스스로 방해하기—옮긴이)은 자신의 자유의지를 검증하는 한 가지 방법이었다. 마치 두 사람의 결합이 자유롭게 선택된 것임을 (누구보다도 그 자신에게) 증명하려면 진정한 몸부림이 필요하기라도 한 것 같았다. 그전에 꽤 오랫동안 제임스는 살아오면서 자신이 기질적으로 결혼에 적합하지 않다고 생각했다. 그는 너무 약하고, 병적이고, 심리적으로 불안정해서 그 누구에게도 좋은 배우자가 될 수 없었다. **제임스 자신도** 자신을 견뎌내기 어려운 마당에, 어떻게 다른 누군가에게 그와의 영원한 동반 관계를 감당하라고 요구할 수 있겠는가? 결혼이 코앞에 닥치자 이 같은 회의가 더 깊어지고 강해졌다. 앨리스의 승낙을 받은 후, 제임스는 자신이 그녀가 손을 잡아줄 가치가 없는 사람임을 그녀에게 확신시키려 애썼다. 그는 그녀에게 편지를 써서 "내가 무엇을 제안하든지 **거절해야** 한다는 것을 입증하는, 꿈에도 생각지 못할 논증들"을 제시할 수 있다고 말했다.[21] 이런 경고에도 불구하고 앨리스는 제임스의 청혼을 받아들였고, 여러 번의 실패 끝에 제임스는 1878년 5월에 그녀와의 약혼을 공표했다.

일부 아픈 영혼들은 끝내 이 단계에 도달하지 못한다. 선택이나 우연 때문에, 혹은 기질적 불가피함 탓에 우리는 독신에 머무른다. 어쩌면 우리는 거절에 대한 엄청난 공포를 짊어지고 사는지도 모른다. 어쩌면 우리가 우리 자신의 강박과 결함에 너무 집중하는 탓에 이웃과 친구와 잠재적 애인을 알아보지 못하는지도 모른다. 어쩌면 우리는 다른 누군가가 기꺼이 우리와 사랑에 빠지려 한다는 것을 전혀 믿지 못하는지도 모른다. 어쩌면 우리는 언젠가는 우리의 가입을 허락할 클럽에 동참하기를 거부하는지도 모르고, 제임스처럼 이런 생각을 품은 채로 연애를 거는 것일지도 모른다. 우리 중 일부에게는 그런 생각을 극복하는 것이 평생의 과제로 남는다.

앨리스와 만난 지 딱 20년이 되었을 때 제임스는 '믿으려는 의지 The Will to Believe'라는 제목의 강연을 했다. 많은 이들이 이 강연을 제임스의 가장 유명한 강연으로 여긴다. 1896년 6월에 예일대학교 신학 대학원에서 한 이 강연에서 그가 종교철학을 다루며 자발적으로 채택한 신앙을 옹호했다는 것이 일반적인 해석이다. 경험적 증거가 신의 실재성을 증명하기에 불충분하더라도 우리는 여전히 믿음을 의지할 수 있으며, 이 의지는 이성의 제약들을 위반하지 않는다고 제임스는 주장했다. 제임스에 따르면, 믿음 자체가 믿는 자의 세계를 변화시켜 장기적으로 믿음의 입증을 가져올 수 있다. 완전한 증명이 없는데도 누군가가 신을 믿는 경우(따지고 보면 완전한 증명이 있다고 진심으로 외칠 수 있는 사람이 우리 중에 얼마나 있겠는가?), 그의 현실은 종교적 경험을 더 쉽게 제공한다.

그러나 '믿으려는 의지'에 대한 기존의 여러 해석은, 고전 미국 철학에서 핵심적 자리를 차지하는 이 강연이 유의미한 인간관계의 유지에 어떻게 적용되는가 하는 점을 흔히 간과한다. 전 세계의 아픈 영혼들은 유의미한 인간관계를 상실할 위험이 있다. 이 강연에서 제임스는 그런 인간관계를 직접 언급하는데, 바로 그가 20년 동안 앨리스와 맺은 애정 관계다. 제임스는 어떤 질문들에 대해서는 "가슴은 이성이 알 수 없는 이유들을 지녔다"는 파스칼의 말에 동의한다. 그러나 그가 보기에 그런 질문은 결코 신학 분야에 국한되지 않는다. 오히려 그런 질문은 비종교인이 마주치는 실천적 사안, 즉 도덕과 인간관계가 얽힌 사안에서도 거듭 등장한다. '믿으려는 의지'를 마무리하면서 제임스는, 종교와 도덕에 관한 질문들이 모든 사람에게 공감을 얻지는 못할 수도 있지만, 다음과 같은 매우 기본적인 질문은 절대다수의 사람들에게 중요할 거라고 주장한다. "당신은 나를 좋아하나요, 좋아하지 않나요?" 이는 제임스가 앨리스에게 그야말로 절박하게 던진 질문이었다. 더 나아가, 이것은 인간의 사회성에서 큰 자리를 떠받치는 질문이다. 또한 선험적인 방식, 곧 완전한 방식으로는 결코 답할 수 없는 질문이다. 오히려 결정적으로 중요한 것은 시간이다. 대답을 제대로 아는 것보다 행동이 먼저여야 한다. 제임스의 문학적 영웅 중 한 명인 괴테는 이를 다음과 같이 아주 멋지게 표현한다. "네가 할 수 있거나, 할 수 있다고 꿈꾸는 바가 있다면, 시작하라. 대담함은 천재성과 권능과 마법을 품고 있다."[22] 앨리스를 처음 만났을 때를 돌아보면서 제임스는 우리에게 '시작하라'라고, 불확실성 앞에서 우리의 의지를 발휘하라고 촉구한다.

수많은 경우, 당신이 나를 좋아하는지 아닌지 여부는, 내가 당

> 신을 어중간하게 만나는지, 당신이 나를 좋아하고 신뢰와 기대를 보여줘야 한다고 **기꺼이 전제하는지**에 달려 있다. 그런 경우에는, 당신의 호의가 존재한다고 내가 먼저 믿는 것이 당신의 호의를 유발한다. 반면에 내가 초연히 서서, 객관적 증거를 확보할 때까지, **당신이 나의 승인을 강제하기에 적합한 행동을 할 때까지** 한 치도 움직이지 않으려 한다면, 십중팔구 당신은 영영 내게 호의를 보이지 않을 것이다.[23]

사랑과 관련해서는 아무것도 **나의 승인을 강제할** 수 없다. 나는 논리적 정당화가 충분히 제공되기 전에 승인해야 한다. 그리고 내가 그렇게 승인하면, 바라건대 증거가 조금씩 흘러들기 시작한다. 제임스가 강연에서 명시적으로 연애를 거론한다는 점을 의심한 독자가 있다면, 다음과 같은 제임스의 외침에 귀를 기울이기 바란다. "당신은 나를 사랑해야 한다는, 한 남자의 근거 없이 자신만만한 주장에 얼마나 많은 여성의 심장이 정복되는가!" 오늘날 이런 생각, 곧 대담한 (남성의) 명령에 여성이 복종한다는 생각은 몹시 역겹다는 것을 나도 인정한다. 이는 실제로 사랑이 작동하는 방식이 아니며, 제임스도 이를 안다. 그가 하려는 말은 그보다 더 미묘하다. 그는 더 신중한 어투로 설명을 이어감으로써 위 인용문이 띤 듯한 남성 우월주의적 색채를 희석한다.

> 여기에서는 특정한 유형의 진리를 향한 욕망이 그 특수한 진리

> 의 실존을 유발한다. 수많은 다른 유형의 진리에서도 마찬가지다. 누가 승진하고, 호의를 얻고, 요직에 임명되는가? 자신의 삶에서 승진과 호의와 임명이 살아 있는 가설이라고 여기는 사람, 그것들을 만만하게 보는 사람, 그것들이 찾아올 때까지 그것들을 위해 다른 것을 희생하고 미리 위험을 감수하는 사람이 아닌가? 그의 믿음은 그보다 위에 있는 권능들에 하나의 요구로 작용하여 그 믿음을 너끈히 입증해 낸다.[24]

이런 주장은 고작 바람이 섞인 생각이나 명백한 망상이 아니다. 꽤 오랫동안 자기 자신을 상대로 싸워본 모든 아픈 영혼은 "힘내라" "좀 웃어라" "밝은 면을 봐라"라는 공허한 조언을 들은 적 있을 것이다. 제임스는 그런 유형의 충고를 하는 것이 아니다. 오히려 그런 조언을 유의미하게 만들어줄 법한 믿음의 심층 구조를 설명한다. 그는 (사랑에 관한 진리를 비롯한) 특정한 유형의 진리가 어떻게 발생하는지 설명한다. 그 진리는 사랑하는 사람이나 사랑받는 사람의 머릿속에서 완성된 상태로 불쑥 튀어나오지 않는다. 오히려 그 진리는 두 사람이 능동적으로 중간에서 만날 때 성장한다(혹은 성장하지 않는다). 그리고 이 교감은 어느 정도의 믿음을, 최소한 낙관적 행동을 필요로 한다. '밝은 면을 보는' 태도가 객관적으로 옳지 않은 경우가 흔히 있음을 제임스는 안다. 아픈 영혼의 추측대로 삶은 온갖 측면에서 가혹하고 잔인하다. 그러나 그 태도는 제임스가 말하는 '살아 있는 가설'로서 실천적으로 옳으며 대단히 유용하다. **마치** 세계가 우호적이고 다정한 장소**인 양** 행동하면, 때때로 세상을 더 우호적이고 다정하게 만드는 효과가 생긴다.

예나 지금이나 나는 사회생활에 서툴다. 현재 나의 전업專業은 많은 사람 앞에서 철학을 '가르치는' 것이지만, 살아오는 동안 내내 나는 공개적으로 발언하는 것보다 많은 사람을 상대하는 것이 더 불편했다. 어린 시절, 나는 날쌔기에는 몸이 너무 컸지만 힘이 셀 만큼 충분히 크지는 않았다. 나는 몸놀림이 심하게 어색했고 말을 몹시 더듬었다. 다른 아이들의 생일잔치에 가기가 겁났으며 수업 사이의 휴식 시간이 두려웠다. 그러나 생일잔치에서 얻어맞거나 놀림을 당하면 최소한 케이크를 먹을 수는 있었다. 나는 딱히 인기 있는 아이가 아니었다. 얼마 안 가 대다수 아이들이 생일잔치에 나를 초대하지 않았다. 내가 일곱 살이었을 때, 어머니는 나에게 아주 좋은 상상 친구가 여러 명 있으며 내가 놀이터에 실제로 있는 아이들보다 내 머릿속에 있는 그 친구들과 노는 것을 더 편안해한다는 사실을 눈치챘다. 그나마 내가 지닌 한 가지 장점은 꽤 발달한 상상력이었다. 인지행동치료와 윌리엄 제임스를 공부한 상담심리사였던 어머니가 2년 뒤에 나에게 차분히 조언했다. "존, 네가 휴식 시간을 싫어하는 거 알아. 네가 아이들과 잘 어울리지 못한다는 것도 알아. 하지만 네가 잘 어울리는 척하면 어떨까? 딱 한 달만. 아이들과 어울리는 게 좋은 척하면서 어떤 일이 벌어지는지 한번 보렴." 그리하여 나는 열심히 연기했다. 미소 짓고, 인사를 건네고, 나 자신을 웃음거리로 삼는 법을 배우고, 실은 빠져들지 못하면서도 게임을 하고, 극소수의 친구들과 오랫동안 우정을 맺으려 노력하는 척했다. 어쩌면 그런 행동은 자기계발 전문가들이 종종 '긍정적 생각의 힘'이라고 부르는 것과 관련하여 내가 벌인 많은 실험 가운데 첫 번째 행동이었을 것이다. "당신이 세계에서 보고자 하는 변화가 일어나게 하라!"라고 건강한 정신을 지닌 멘토가 말하고, 나는 그 말을 들을 수 있다. 그러나 아픈 영혼으로서 이 말을 곱씹을 때 나는 헛구역질을 참기 어렵다. 돌이켜 생각해 보면 어머니가 나에게 건넨 조언은 이 말과 약간 달랐다. 그 조언은 "실제로 해낼 때까지 해내는 척 가장하라"에 가까웠다. 네가 특정한 방식으로 행동하기를 의지하면 너의 의지가 실제 상황을 긍정적으로 바꿀 수도 있다는 것이 요점이었다.

물론 때때로 당신은 가장해도 실제로 해내지 못할 수 있다. 어린 시절에 나를 인간관계의 지옥으로부터 건져낸 어머니는 나를 첫 결혼으로 이끈 조언자이기도 하다. 결혼식 날 아침에 어머니와 나는 차를 몰고 펜실베이니아 중심부의 농촌 지역으로 나갔다. 큰일을 앞둔 나는 마지막 격려의 말이 필요했다. 나는 어머니에게 임박한 결혼에 전혀 확신이 서지 않는다고 털어놓았다. 어머니는 그저 신경이 예민해졌을 뿐이라고 말했다. 마음을 굳게 먹고 관계에 공을 들이면 된다고 했다. "부부관계는 어렵단다. 결혼식을 통해 부부관계를 맺기도 어렵고." 그냥 하라. 계획을 충실히 실천하라. 도시로 돌아와 멋진 옷으로 갈아입으면서 어머니가 말했다. “잘될 거야. 너 자신을 신뢰하렴.”

자기신뢰는 한계가 있다. 때로는 믿으려고 의지하는 것이 아주 큰 실수가 될 수 있다. 나는 서른 살 생일에 이혼을 청구했다. 나는 어머니를 탓하지 않는다. 어머니의 조언은 관계에 관한 본질적 진리를 담고 있었음을 지금은 안다. 의지는 관계의 확립과 유지를 위한 필요조건이라는 것이 그 진리다. 나는 두 번째 결혼생활을 10년을 유지했기에 이런 사실을 안다. 지속적인 사랑은 거저 실현되지 않는다. 또한 대다수의 경우에 관습이나 전통만으로는 지속적인 사랑이 보증되지 않는다. 그러나 의지는 사랑의 필요조건일 뿐, 충분조건이 아니다. 제임스와 나의 어머니는 눈 딱 감고 사랑을 시작하라고 조언하지 않았다. 사전에 모든 사실을 알게 되는 경우는 드물며, 많은 경우에 최종 판단을 내리기 훨씬 전에 행동하고 저질러야 한다는 점을 일깨웠을 뿐이다. “그냥 하라.” 그러나 일이 잘 풀리지 않을 수도 있음을 감안하라. 이는 내가 습관적으로 실패 가능성에 집착하는 태도와 다르다. 이런 태도는 어김없이 당신의 기회를 봉쇄할 것이다. 다만, 살아 있는 가설을 현실적으로 평가해야 한다. 살아 있는 가설은 인생의 예측불가능성과 취약성에 휘둘린다. 이는 불가피한 일이지만 한탄할 일은 아니다.

여러 해에 걸친 숙고 끝에 나는 제임스가 말한 믿으려는 의지를 요구하는 상황들이 신성한 수준까지는 아니더라도 상당히 옳다고 믿게 되었다. 사랑은 아주 높은 곳에서 떨어지는 것과도 다르고, 신학자 토머스 머튼Thomas Merton의 비유를 빌리면, 발을 헛디뎌 깊은 못에 빠지는 것과 다르다.[25] 사랑은 수동적으로 경험되지 않는다. 사랑은 한쪽 눈을 뜬 자유로운 행동을 포함한다. 그 행동이 삶을 바꿔놓을 수 있으며, 대개 바꿔놓는다. 더 좋거나 나쁜 방향으로, 더 풍요롭거나 빈곤한 방향으로. 사랑의 구체적인 모습은 부분적으로 당신에게 달려 있다. 바꿔 말해, 당신은 사랑에 영향을 미칠 힘이 있다. 하지만 또한 당신은 운명적으로 사랑의 영향을 받는다. 거듭 강조하지만, **부분적으로** 당신에게 달려 있다. 만약에 사랑이 절대적으로 안전하거나 미리 정해져 있다면, 사랑의 존속은 전혀 대단한 일이 아닐 것이다.

1878년, 앨리스의 격려 속에서 제임스는 자유란 (로버트 프로스트의 표현을 빌리면) 대담하게 행동하는 힘일 수 있음을 깨달았다.[26] 적어도 유의미하고 색다른 활동을 할 때 경험하는 바를 기준으로 삼으면, 결정론은 옳지 않았다. 제임스는 사랑할 기회를 잡았고, 이번만큼은 약간의 행운과 효과가 있어서 사랑이 확고히 뿌리내렸다. 한 번 발휘되어 성공을 가져오며 강화된 의지는 미래의 기회를 붙잡을 준비를 하기 마련이다. 앨리스와의 결혼 계획을 완수하는 와중에 제임스는 좀처럼 얻기 힘든 하버드 대학교의 종신 교수직도 용케 따냈다. 그것도 무려 철학 교수직이었다. 철학은 과학에 경도된 당시 학계에서 가련할 정도로 인기 없는 분야였다. 1878년 봄, 제임스는 심리학 교과서를 써서 출판하기로 출판업자 헨리 홀트Henry Holt와 계약했다. 그 교과서로 현대 심리학 분야를 혁명적으로 변화시킬 예정이었다. 그 책에서 그는 경험과학에 바탕을 두면서도 환원주의를 피하고 궁극적으로 결정론을 피할 생각이었다. 출판업자는 1년 안에 원고가 완성되기를 바랐다. 제임스는 약간 지나치게 야심만만한 계획이긴 하지만 당장 저술을 시작하면 2년 안에 원고를 넘길 수 있으리라고 생각했다. 적절한 타협이라고 여긴 일정이었지만 알고 보니 대단히 큰 희망이 담긴 약속이었다. 그는 일정을 대략 10년이나 잘못 판단했다. 그러나 저술을 곧바로 시작하긴 했다.

1878년 6월에 결혼한 제임스와 앨리스는 애디론댁산맥의 킨 계곡으로 신혼여행을 갔고, 제임스는 마치 뭐든 가능하다는 듯이 《심리학의 원리Principles of Psychology》를 위한 연구에 착수했다. 더 정확히 말하면, 제임스의 친구 프랜시스 차일드Francis Child가 제임스 러셀 로웰James Russell Lowell에게 전한 대로, "제임스와 앨리스 둘 다 그것을 쓰고 있었다."[27] 그때 이후 앨리스는 거의 모든 일에서 제임스의 파트너가 된다. 그해 가을, 신혼여행과 연구로 여름을 보낸 후, 《심리학의 원리》를 저술하기 시작했고, 앨리스는 임신했다. 30여 년을 보잘것없이 살아온 끝에 제임스는, 기회는 또 다른 기회를 불러온다는 것을 깨닫는다.

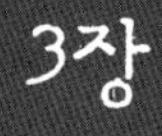

심리학과 건강한 정신

나의 생각은 무엇보다도 먼저,
또 궁극적으로, 또 항상, 나의 행위를 위한 것이다.
— 윌리엄 제임스, 《심리학의 원리》, 1890

이 대목에서 전망하면, 우리의 이야기는 순조롭게 진행되리라고 예상할 만하다. 1879년에 제임스는 결정론의 위협에서 잠정적으로 벗어난 상태였다. 적어도 외부에서 보면, 그는 가끔 심연의 가장자리에서 비틀거리긴 해도 개인적 자유와 통제를 어느 정도 실현한 듯했다. 그는 당분간 벼랑 끝에서 물러나 있었다. 완벽한 직업과 완벽한 아내를 얻었으며, 미묘하게 까다로운 아버지를 만족시키는 데 오랫동안 실패하다가 마침내 성공했다. 이제 해야 할 일은 새로운 삶에 안착하고 행복을 지키는 것뿐이었다. 그러나 행복을 지키기란 쉬운 일이 아니다. 제임스는 이미 뛰어든 하버드 대학교의 생존 경쟁에서 살아남아야 했다. 그의 아버지, 그리고 이제 동료들도 그가 높은 지위에 오르고 정말로 위대해지기를 기대했다. 그보다 적은 성취는 완전한 실패일 터였다.

제임스의 사십대를 삼켜버린 《심리학의 원리》 저술은 야심 찬 프로젝트 이상이었다. 물론 제임스는 그 일에 흔쾌히 도전했지만, 그 일이 반드시 중대한 작업이어야 한다고 **생각했다**. 이미 나이를 꽤 먹은 그는 무언가 중요한 일을 해야 했다. 과제는 이중적이었다. 그는 신생 분야인 심리학을 극도로 엄격한 자연과학의 방법론에 적합하게 만드는 동시에 인간 정신을 다루는 이 경험적 연구가 어떻게 과학적 환원주의에 매몰되지 않는지 설명해야 했다. 이것으로도 충분하지 않았는지, 제임스는 다음과 같은 철학의 가장 오랜 질문 중 하나에 (현대 과학자답게) 답하기 위해 《심리학의 원리》를 썼다. '어떻게 생명에서 인간의 의식이 발생할까?' 소크라테스 이전 철학자 파르메니데스라면 같은 질문을 이렇게 표현했을 것이다. '존재와 생각은 서로 어떤 관계일까?' 이 과제는 야심 찬 수준을 훌쩍 뛰어넘는다. 이 과제를 짊어지는 것은 그야말로 미친 짓이다. 제임스의 프로젝트를 뒷받침**할 만한** 실험 결과를 내놓을 **가망이 있는** 현대적 실험실이 없었다는 사실은 중요하지 않았다. 그는 스스로 실험해야 했다. 그는 **반드시** 성공하거나, 아니면 애쓰다가 죽어야 했다. 다른 선택지는 없었다.

제임스는 위대한 인물이 되기 위한 노력에 몰두했는데, 그런 삶의 태도는 흔히 행복에 지장을 준다. 1880년대부터 그는 가족을 재정적 풍요와 빈곤 사이를 오가게 만들기 시작했다. 그가 돈과 맺은 관계, 그리고 명예와 맺기 시작한 관계는 역기능을 하다시피 했다. 돈과 명예 모두 많았지만, 어느 한쪽도 충분했던 적이 한 번도 없었다. 물론 이는 오늘날 흔히 있는 상황이지만, 흔하다고 해서 영혼을 덜 갉아먹는 것은 아니다. '성공의 여신'은 제임스가 오랫동안 피하려 애썼던 상대라는 점을 상기하라. 바로 그 여신이 이제 그의 삶을 완전히 장악했다.

《심리학의 원리》를 쓰기 시작했을 때 제임스가 느낀 불만을 과장해서는 안 될 것이다. 약간의 불편함, 무언가를 애써 추구한다는 느낌, 제임스의 표현을 빌리면, 경험이 '도무지 신통치 않다'는 느낌을 디딤돌 삼아 번창하는 사람들이 있다(일부, 다수, 대다수 혹은 모든 사람이 그러하다). 기이한 것 같지만, 이는 우리의 생물학적 특징에서 비롯된 현상이다. 세포를 예로 들면, 세포가 완벽한 안정성 혹은 평형—자기계발 전문가에게 어울리는 용어로는, '완벽한 균형'—에 도달하는 것은 오직 죽을 때뿐이다. 삶은 움직일 때 발생한다. 그리고 살아 있겠다는 제임스의 결심은 대다수 사람들의 결심보다 더 강했다.

《심리학의 원리》의 첫 부분을 쓰기 시작하면서 제임스는 앨리스에게 이렇게 말했다. "내가 자주 했던 생각인데, 사람의 성격을 정의하는 최선의 방법은 그가 어떤 정신적 혹은 도덕적 태도를 취했을 때 스스로 가장 심층적이고 강렬하게 살아 있다고 느끼는지 알아내는 것이오. 그럴 때 내면의 목소리는 '이게 진짜 나야'라고 말한다오."[1]

그런데 문제가 있다. 어른의 삶은 '진짜 나'를 찾아내는 일을 매우 까다롭게 만든다. 우리는 한 해에 한 살씩 일차함수 방식으로 나이를 먹지만, 우리의 일상을 채우는 의무와 기대는 지수함수 방식으로 증가한다. 하지만 기이하게도, 그로 인해 우리가 반드시 '심층적이고 강렬하게 살아 있다'고 느끼지는 않는다. 오히려 삶이라는 사업business은 단지 우리를 멍하게 만드는 분주함busyness으로 전락한다. 우리는 어떤 활동에도 전념하지 못하고 여러 방향으로 끌려다닌다. 그리고 폐쇄와 단절을 감수하면서 심리적 자동 조종 장치에 의지하여 일상의 수렁을 건너간다. 이렇게 말하면, 루틴화한 행동이 부정적으로만 느껴질 수도 있겠지만, 사실 그렇지는 않다. 루틴화는 우리가 생각 없이 신속하게 행동할 수 있게 해주는 생존 메커니즘이다. 루틴화된 행동은 우리가 경험으로 터득한 해결책 혹은 지름길이다.

그러나 이 지름길에 한 가지 문제가 있다. 흔히 이 지름길은 어떤 '특정한 정신적 태도'에 '진짜 나'가 깃들어 있는지 묻는 일을, 더 나아가 묻는 방법을 망각하게 만든다. 제임스는 사십대에 《심리학의 원리》를 쓰면서 이 사실을 깨달았다. 그 깨달음은 중년의 위험에 대한 개인적 통찰과 그 위험의 근본 원인 중 하나인 (명시적이지 않지만 억누를 수 없는) 습관의 힘에 대한 상세한 학문적 탐구가 결합한 결과였다.

'습관'은 서양의 자기계발 문화에서 늘 핵심 용어 역할을 했다. 아리스토텔레스는 그 단어에 대한 우리의 집착을 기원전 4세기에 선취했다. "우리가 반복적으로 하는 바가 곧 우리다. 탁월함은 행동이 아니라 습관이다."[2] 오늘날 우리는 나쁜 습관을 끊으려고 노력하지만, 흔히 실패한다. 그런 습관에는 흡연, 과도한 문자 메시지 사용, 충동 구매, 할 일 뒤로 미루기, 늦잠, 도박, 거짓말, 외도 등이 있다. 또 우리는 좋은 습관을 들이려고 애쓴다. 운동, 주의 집중, 열심히 일하기, 일찍 일어나기, 저축, 정직, 공정한 행동, 신뢰할 만한 행동을 습관화하려 한다. 제임스는 습관이 어디에서나 작동함을 명확히 알았다. 그는 이렇게 쓴다.

> 우리가 외부의 관점에서 생물을 관찰할 때 가장 먼저 눈에 띄는 것 하나는 생물이 습관들의 꾸러미라는 점이다. 야생 동물에게 일련의 예사로운 일상적 행동은 태어날 때 주입된 필연인 듯하다. 가축에게서, 그리고 특히 인간에게서 그런 행동이 나오는 것은 많은 면에서 교육의 결과인 듯하다. 타고나는 성향과 연결된 습관을 일컬어 본능이라고 한다. 반면에 교육으로 비롯된 일부 습관은 대다수 사람들에 의해 이성적인 행동으로 불릴 것이다. 따라서 습관은 삶의 아주 많은 부분을 지배하는 듯이 보인다. 그리고 정신의 객관적 표현을 연구하는 사람은 습관의

한계가 무엇인지를 맨 처음부터 명확히 정의해야 마땅할 듯 하다.[3]

습관이 좋은 삶을 위해 중요하다는 것은 제임스가 《심리학의 원리》를 쓰던 1880년대 중반에 누구나 아는 바였다. 반면에 정확히 어떤 과정을 거쳐 습관이 제임스가 말하는 '정신의 객관적 표현'으로 정착하는지는 수수께끼로 남아 있었다. 제임스는 《심리학의 원리》 4장에서 바로 그 과정에 대한 설명을 제시한다. 거기에서 제임스가 펴는 논증은 대단히 설득력이 있어서, 그 4장은 독자적인 단행본으로 재출판되어 널리 유통되었다. 습관을 발가벗겨 그것의 내적 작용 방식을 드러내면 독자들이 습관의 힘을 이용하고 어느 정도 통제하는 데 도움이 될 수 있다고 그는 믿었다. 그의 연구가 대체로 그랬듯이, 그의 습관 연구는 자기 자신을 이해하기 위한 수단이었다. 제임스는 보디치의 생리학 실험실에 어울리는 수준보다 더 많이 성장한 상태였기에 1890년에 《심리학의 원리》가 출판되기에 앞서 자신의 실험실을 따로 설립했다. 그의 실험실에 소속된 소규모 연구원들은 인간 정신의 신체적 기반을 집중적으로 연구했다. 당연한 말이지만, 그들이 인간을 실험 대상으로 삼는 경우는 드물었다. 당시에 제임스의 전문 분야는 비교해부학이었다. 그는 개구리, 개, 고양이 그리고 가끔 원숭이로 만족해야 했다.

모든 종의 정신은 유연하며, 꼭 연약한 것도 아니고 꼭 견고

한 것도 아님을 제임스는 발견했다. 모든 형태의 '의식 있는 삶 Conscious life'은 전면적인 가소성이 그 핵심 특징이라고 제임스는 주장했다. 그는 가소성을 지닌 구조를 "충분히 약해서 영향에 굴복하지만, 충분히 강해서 단번에 굴복하지 않는 구조"로 정의했다. 그런 구조는 휘어지되 부러지지 않도록 되어 있다(혹은 진화했다). 제임스는 이렇게 말을 잇는다. "그런 구조에서 비교적 안정적인 각각의 평형 상태는 새로운 습관들의 집합이라고 부를 만한 것에 의해 그 특징이 드러난다."[4] 습관의 평형은 완벽하고 영구적인 정지停止가 아니라 잠정적 안정 상태이며, 그 상태에서 생물의 의식 있는 삶과 환경은 당분간 어느 정도의 '어울림'을 이뤄낸다.

나는 가끔 내가 자리를 지정해 주지 않았는데도 늘 같은 자리에 앉는다고 학생들을 놀린다. 강의가 거듭되면, 학생들은 각자 자기 자리를 정하게 마련이다. 다섯 번째쯤 강의가 진행되면, 학생들이 어느 자리에 앉았는지 일일이 확인할 필요가 없어진다. 누구나 자기 자리를 정했기 때문이다. 모든 습관이 그렇듯이 이 습관도 신체적 현상과 결부되어 있다. 즉, 습관이 우리의 살과 뼈에 깊이 새겨진 것처럼 느껴진다. 그리고 그 습관은 새로운 학생이 참석하여(맙소사!) 다른 학생의 자리를 **차지하기** 전까지는 충분히 잘 작동한다. 그런 불상사는 습관을 방해하고, 그러면 온갖 혼란이 발생한다. 다 큰 어른들이 자리를 놓고 다투는 모습을 보는 것은 아주 재미있지만, 나는 너무 크게 웃지 않는다. 내 강의를 몇 번 들은 학생들은 내가 습관에 강하게 속박

된 사람임을 알아챘다. 나는 아침에 커피를 마신다. 단 하루도 거르지 않는다. 어쩌면 학생들은 내가 매일 오후 다섯 시에 어김없이 맥주를 한잔 마신다는 얘기도 듣게 될 것이다. 이것은 대단히 유익한 습관이다. 오후 다섯 시는 내가 거의 한계에 도달하는 때다. 화창하고 비교적 순조로운 날이었다 하더라도, 나는 견딜 만큼 견뎠다. 때로 햇빛은 너무 잔인하다. 맥주는 예리하게 선 날을 무디게 해준다. 덕분에 삶은 나를 그리 가혹하게 베지 않고, 나는 타인들에게 그리 날카롭게 굴지 않는다. 물론 내가 늦은 오후에 맥주 마시기를 좋아할 뿐이라고 말할 수도 있겠지만, 그 말은 진실이 아닐 것이며 내 습관의 본성을 알려주지 못할 것이다. 맥주와 일상을 기준으로 말하면, 나는 비교적 안정적인 평형 상태에 도달했다. 맥주와 나의 삶은 잘 어울린다.

뿌리 깊은 습관, 말하자면 나의 맥주 마시기와 같은 습관을 생각할 때 우리는 상황의 안정성에 초점을 맞추기 십상이다. 그러나 그럴 때 우리는 습관의 확립이 바탕에 깔린 대단한 유연성에 의존한다는 점을 간과하곤 한다. 1887년에 발표한 논문 〈습관의 법칙The Law of Habit〉에서 제임스는 이렇게 말한다. "유기 물질, 특히 신경 조직은 매우 이례적인 수준의 가소성을 보유한 듯하다.… 그러므로 우리는 다음을 우리의 첫째 명제로 주저 없이 제시해도 된다. **생물에서 습관이라는 현상은 생물의 몸을 이루는 유기 물질의 가소성에서 유래한다.**"[5] 이 명제는 '헤브의 규칙Hebb's rule'을 거의 선취한다. 인지과학자 도널드 헤브Donald Hebb가 1949

년에 명확히 제시한 그 법칙에 따르면, '함께 점화하는' 뉴런들은 '함께 연결된다.'[6] 바꿔 말해, 특정 신경 경로가 활성화되면 유기체의 물리적·화학적 구조가 변화하여 미래에 유사한 활성화가 일어날 가능성이 더 높아진다. '점화 효과'로 불리는 이 현상은 습관 확립의 초기 단계에서 중요한 역할을 한다. 그것이 좋은 습관이건 나쁜 습관이건 상관없다.

당신이 스스로 느끼기에 정신이 예전처럼 유연하지 않다면, 아마도 그 느낌이 옳을 것이다. 제임스의 관찰에 따르면, 젊은 몸은 늙은 몸보다 인지 구조가 더 유연하며, 따라서 습관 형성에 더 개방적이다. 제임스는 이렇게 탄식했다. "머지않아 자신이 고작 걸어 다니는 습관 꾸러미가 되리라는 점을 젊은이들이 깨달을 수만 있다면, 그들은 가소성 있는 상태에서 자신의 행동에 더욱더 주의를 기울일 것이다. 우리는 우리 자신의 운명을, 절대로 되돌릴 수 없는 좋거나 나쁜 운명을 자아내고 있다."[7] 우리의 신경계는 애초부터 고정적으로 배선되어 있지 않고(만약에 고정적으로 배선되어 있다면 얼마나 우스꽝스럽겠는가?) 우리의 진화 및 경험의 역사가 만들어내는 제작물이다. 이 제작물은 우리의 시야 전체가 암흑으로 변하는 마지막 순간까지 새로운 인상들에 다양한 정도로 개방된 상태를 유지한다. 하지만 우리가 영향에 가장 민감하고 가장 유연한 시기는 이른 청소년기, 그러니까 우리의 환경과 삶에 대한 우리 자신의 통제권이 **가장 적을** 때다. 제임스의 말대로 우리는 우리 자신의 운명을 자아내고 있을지 몰라도, 처음에 우리는 아무것도 모르는 채로 운명의 실을 잣는다.

자유의 행사에 관심을 쏟는 사람에게 이 같은 습관 연구는 몹시 마뜩잖았을 법하다. 실제로 그 연구는 때때로 제임스를 몹시 괴롭힌 듯하다. 인간의 인지를 안정화하는, 즉 우리가 복잡하게 격동하는 세계 앞에서 꼿꼿한 자세를 유지할 수 있게 해주는 바닥짐은 우리가 제2의 천성으로 습득하는 루틴들과 대본臺本들의 꾸러미임을 그 연구는 시사했다. 습관은 본질적으로 보수적이다. 습관은 상황을 최대한 오랫동안 동일하게 유지하고 제자리에 머물게 한다. 제임스에 따르면 "그러므로 습관은 사회의 거대한 플라이휠fly-wheel(회전하는 물체의 회전 속도를 고르게 하기 위해 회전축에 달아놓은 바퀴 — 옮긴이), 가장 소중한 보수적 작용인作用因이다." 제임스는 이렇게 결론지었다.

> 오로지 습관만이 우리 모두를 법령이 정한 울타리 안에 머물게 하고 빈자들의 시샘하는 봉기로부터 행운아들을 보호한다. 오로지 습관만이 삶에서 가장 힘겹고 꺼려지는 여러 길을 가도록 양육된 자들이 그 길을 버리는 것을 막는다. 습관은 어부와 선원을 겨우내 바다에 머물게 한다. 습관은 광부를 어둠 속에 붙잡아두고, 농부를 눈 덮인 계절 내내 통나무집과 쓸쓸한 농장에 붙박아 놓는다. 습관은 황야와 동토에 사는 토착민의 침공으로부터 우리를 보호한다. 습관은 우리가 양육된 방향이나 일찍이 선택한 방향에 따라 삶이라는 전투를 끝까지 치러내고,

> 우리에게 적합한 다른 일이 없고 새로 시작하기에는 너무 늦은 탓에, 마음에 안 드는 일에 최선을 다할 운명을 우리 모두에게 부과한다.[8]

이 결론은 모종의 결연함을 동반했다. 슬픈 결론이지만, 꼭 (과거 젊은 제임스의 수많은 언급처럼) 비관주의적인 결론은 아니다. 다만, 눈에 띄게 현실적일 따름이다. 생물은 혐오스러운 상황에서도 만족할 수 있다(또 만족하도록 **진화했다**). 많은 동물은—어쩌면 가장 두드러지게 인간은—명시적 위험을 선택하기보다 자멸적인 습관을 선택하기를 더 좋아할 때가 많다. 그 위험이 더 건강하고 활발한 삶에 이르는 길일 가능성이 있다 해도 말이다. 많은 우정, 많은 관계는 오로지 이런 연유로 지속된다.

1880년대 초반, 인간 조건에 대한 제임스의 분석은 변화하기 시작했다. 그것은 실존의 사건들에 대한 어떤 급진적 재평가라기보다 관점의 조정이었다. 여전히 아픈 영혼의 기억과 경험이 가미되어 있긴 했지만, 그의 글은 점차 차분해지기 시작했다. 습관에 관한 그의 여러 실험과 그 결론이 그를 또다시 심리적으로 추락시킬 수도 있었다. 실제로 그런 추락의 위험이 자주 닥쳤다. 그러나 이번에 제임스는 다시 튀어 올라 습관을 거부할 수 있다고, 혹은 더 겸허하게 말하면 습관의 효과를 감시하고 그것이 삶을 온통 물들이지 못하게 막을 수 있다고 주장했다. 이 주장 역시 자유를 유지하기 위한 방편인 듯하다. 삶이 주로 습관에 의해, 반半

의식적인 본능과 루틴의 작동에 지배된다면, 우리는 자유로운 행위자로서 최소한 우리가 어떻게 속박되어 있는지를 이해해야 한다. 일찍이 다수의 결정론자가 정확히 이런 태도를 권고했다.

그리고 《심리학의 원리》의 앞부분에서 제임스는 17세기 관념론자 바뤼흐 스피노자Baruch Spinoza가 제시한 결론을 향해 나아가는 듯하다. 그 결론에 따르면, 인생의 가장 고귀한 활동은 세계와 우리 자신을 이해하기 위한 학습이다. 간단히 말해, 이해하기는 곧 자유로워지는 것이기 때문이다. 무엇이 자유를 제약하는지 이해하면, 독립성이라고 할 만한 것을 어쩌면 근근이 유지할 수 있을 터였다.

그러나 이런 스토아주의적 대응은 원숙해진 제임스를 만족시키지 못했다. 궁극적으로 삶의 관건은 습관의 힘을 알아보는 데에서 그치지 않고 그 힘을 조종하고 극복하는 것이었다. 제임스는 습관 분석을 마무리하면서 습관을 초월할 가능성을 강조한다. 《심리학의 원리》에서 그는 이렇게 쓴다. "천재란 실은 **습관적이지 않은** 방식으로 지각하는 능력과 다를 바 없다."[9] 친구이자 스승인 랠프 월도 에머슨의 뒤를 이어 제임스는 아름다운 교란을 일으키는 이 드문 능력이 모든 개인 안에 깃들어 있다고 믿었다. 우리는 그 능력을 발휘하기만 하면 된다는 것이다. 그리고 우리가 그 능력을 발휘하면, 또 운이 좋으면, 우리는 따분함과 무기력함 대신에 힘과 활기를 주는 습관들을 흔쾌히 받아들일 수 있다. 《심리학의 원리》를 완성한 직후에 쓴 글에서 제임스는 오랫동안 순응적·자멸적 습관을 고수해 온 개인도 다르게 살 수 있다고, 새로운 루틴을 채택할 수 있다고 주장했다. 그는 이렇게 쓴다.

> 15년 전만 해도 노르웨이 여성들은 '가정의 천사' '부드럽고 고상한 영향력' 같은 문구로 대표되는 구식 여성의 이상을 다른 나라 여성들보다 더 많이 숭배했다. 마치 난롯가에 앉아 있는 고양이 같았던 그 노르웨이 여성들이 지금은 눈밭에서 신는 설화雪靴를 통해 훈련되어 유연하고 대담해졌다고 한다. 이제 노르웨이 여성들에게는 너무 캄캄한 밤도 없고 너무 아찔한 높이도 없다. 그들은 전통적인 여성의 연약한 신체와 창백함에 작별을 고하고 있을 뿐 아니라 모든 교육적·사회적 개혁을 능동적으로 선도한다. 우리의 소중한 여자 형제들과 딸들 사이에서 급속히 퍼지고 있는 테니스 치기, 걷기, 스케이트 타기 습관과 자전거 열풍 역시 더 건전하고 활발한 도덕적 기운을 유발할 것이며, 그 기운의 영향이 미국인의 삶 전체에 스며들 것이라고 나는 생각할 수밖에 없다.[10]

과연 운동 및 놀이 습관이 (이제껏 이런 활동을 할 기회가 없던 사람들에게서) '더 활발한 도덕적 기운'을 유발하는지 나는 잘 모르겠다. 그러나 그런 습관이 더 나은 삶, 혹은 최소한 다른 삶을 불러온다는 것은 더없이 확실하다. 물론 어떤 사람들은 스키를 타거나 테니스를 치거나 자전거를 탈 수 없음을 나는 안다. 하지만 내가 지금 장애인을 차별하는 것은 아니다. 그러나 나는, 대다수 사람들은 자신들의 삶을 지배하는 활동에 선택권이 있다는 제임스의 견해에 동의한다. 작은 변화도 큰 효과를 낼 수 있는 법이다. 우리는 흔히 습관을 부모와 선생으로부터 (느슨하게 표현하자면) '물려받는다.' 그러나 제임스는 습관이 반드시 그런 유산은 아니라는 사실을 우리에게 일깨운다. 우리가 어떤 습관을 지닐지는 어쩌면 우리 자신에게 달렸는지 모른다.

제임스는 놀라울 만큼 관습에 얽매이지 않았던 인물이다. 나의 스승인 미국 철학자 더글러스 앤더슨Douglas Anderson은 제임스가 '비밀 폭죽undercover Roman candle'이었다고 말하기를 좋아한다. 제임스는 제약 많은 아이비리그 생활 아래에 은폐된 격렬한 폭발물과도 같았다는 뜻이다. 옳은 말이다. 자신이 습관의 힘에 속박되어 있다는 느낌에 제임스보다 더 예민했던 사상가는 드물다. 심지어 성년기로 한참 진입한 뒤에도 여전히 제임스는 케임브리지의 이웃들이 기대하는 일상의 세세한 일들과 루틴에 거의 알레르기 반응을 보였다. 그의 아들에 따르면, 가족이 손님들을 초대하여 통상적인 저녁 만찬을 베풀 때, 제임스는 손님들에게 인사도 없이 자리를 뜨곤 했다. 조용히 서재에 들어가 잠깐이라도 자유 시간을 갖기 위해서였다. 1885년, 버거워하며 《심리학의 원리》를 쓰던 제임스는 섀드워스 호지슨Shadworth Hodgeson에게 보내는 편지에서 이렇게 토로했다. "나는 최소한 두 달 동안 순전히 동물적인 삶을 살 필요가 있습니다. 그래야 올해의 교직 생활을 끝까지 해낼 수 있습니다."[11] 제임스는 자신이 정상적으로 생존하기 위해 잠깐만이라도 사슬을 끊고 달아나는 중이라고 느낄 수밖에 없었다. 이것이 제임스의 진면목이었다.

어쩌면 당신은 이런 태도를 현대적 삶의 여러 의무를 짊어지기를 꺼리는 청소년의 태도로, 책임감 있는 어른이 되기 위하여 자신의 모험심을 충분히 오래 억제하기를 거부하는 심술 사나움으로 느낄 수도 있다. 또 어쩌면 그 느낌이 전적으로 옳을 것이다. 아무리 상상력을 동원해 봐도, 제임스는 가정에 충실한 남자가 아니었다. 그는 가사를 모조리 앨리스에게 맡겼고 다섯 자녀를 키우는 지루한 일도 대체로 기피했다. 하지만 나는 다음과 같은 말로 그를 변호하고자 한다. 제임스는 자신이 어떤 사람인지, 그리고 사람들을 멍청이로 만드는 습관들이 유발하는 정체 상태를 자신이 얼마나 혐오하는지 투명하게 드러냈다. 최소한 그는 정직했다. 앨리스에게 쓴 편지에서 '진짜 나'를 추구하는 것에 대하여 논하다가 제임스는 자신이 본질적으로 곤혹스러운 정체성을 지녔다고 설명한다.

> 내가 서술할 수 있는 한에서…이 진짜 나…내 안의 이 특징적인 태도는 나 자신의 것을 유지하면서 외래의 것도 신뢰하여 제 역할을 하게 함으로써 완전한 조화를 이뤄내려 하는 데에서 비롯되는 팽팽한 긴장을 항상 포함해요. 그러나 조화가 이루어진다는 **보장**은 전혀 없죠. 만일 그런 보장이 있으면, 그 태도가

곧바로 정체되고 무덤덤해지는 듯합니다.[12]

융통성 없는 습관의 세계—모든 위치, 좌석, 순간이 보장되어 있고 완벽하게 정돈되어 있는 세계—는 제임스의 '진짜 나'가 거주할 수 있는 세계가 아니었다. 오히려 제임스는 '보장하지 말아 달라'라고 애원하듯이 썼다. 이 바람이 이루어지고 세계가 다시 진짜 우연과 진짜 기회에 개방되자마자 "나는 (여하튼 활기찬 상태일 경우) 일종의 심층적이고 고무적인 행복을 느껴요"라고 제임스는 일러주었다. 그렇게 제임스는 새신부에게 그녀가 결혼한 남자는 위험 감수하는 것을 견뎌내는 사람이 아니라 즐기는 사람이라고 전했다.

그리고 그 편지는 그리 미묘하지 않은 요구를 담고 있다고 나는 추측한다. 제임스는 남편이 느끼는 '진짜 나'를 침해하지 말아 달라고 앨리스에게 요청한다. 그는 이렇게 제안하는 듯하다. "삶을 두려워하지 말라." 왜냐하면 우리는 오직 자신을 위험에 노출시킬 때만 우리가 무엇이 될 수 있는지 발견하기 때문이다. 당연한 말이지만, 당신의 아내가 당신을 사소한 업무와 방해 요소로부터 보호해 준다면, 벼랑 끝에 선 것 같은 긴장 속에서 살기가 훨씬 더 수월해진다. 하지만 긴장 속에서 사는 삶이 대단히 유의미할 수 있다는 제임스의 말은 내가 보기에 실제로 일리가 있다. 그의 표현을 빌리면, 가능성의 세계에 직면하고 그 세계의 미래에 관한 선택권이 주어졌을 때 그는 '무엇이든지 기꺼이 행하고 겪으려는 욕구'로 가득했다. 그 욕구는 "신체적으로 번역되어 나의 가슴뼈 내부의 찌르는 듯한 통증이 되고…그저 기분이나 감정일 뿐인데도 나에게는 모든 것을 아우르는 가장 깊은 원리로 스스로를 입증한다."[13] 어떤 사람들이 보기에 우리 인간의 실존은 우리가 목표를 설정하고 결정되지 않은 결과를 추구할 때 가장 중요한 의미를 띤다. 어쩌면 우리는 실패할 것이며, 어쩌면 실패하지 않을 것이다. 그러나 어느 쪽으로 판가름 나건, 그 결과는 **우리의** 실패, 혹은 **우리의** 성공일 것이다. 중요한 것은, 그 결과가 우리의 것이라는 점이다.

첫 이혼 과정을 거치는 동안, 나는 《심리학의 원리》를 다시 읽었다. 또 그 책을 쓸 당시에 제임스가 무슨 생각을 했는지 알고 싶어서 그의 편지들을 훑었다. 많은 편지가 있었다. 글을 읽는 시간은 외톨이로 살면서 정오까지 잠자리에 머무를 때 더 늘어나기 마련이다. 침대 위에 앉아, 자멸적인 습관을 순전히 의지에서 나온 행동을 통해 극복하는 것에 관한 제임스의 영웅적인 이야기가 나에게는 비현실적으로 느껴진다고, 내 시각에서는 약간 저급하게 느껴진다고 생각했던 것이 기억난다. 나는 다르게 **행동하는** 것은 고사하고 다르게 **느낄** 수조차 없었다. 내가 유일하게 느낀 것은 지긋지긋한 침대 속에 계속 머물고 싶은 강렬한 충동이었다.

그리고 그 느낌은 변할 기미가 없었다.

하지만 결국 변화가 일어났다. 나는 제임스가 앨리스에게 건넨 '진짜 나'에 관한 언급에 중요한 단서가 붙어 있음을 기억해 냈다. 몸부림에 동반되는 '심층적이고 고무적인 행복', 그의 참된 자아의 특징인 그 긴장은 **'아무튼** 활기찬 상태'일 때만 느낄 수 있다고 그는 말했다. 한참 지난 뒤에도 제임스는 자신을 쇠약하게 만드는 느낌들에 익숙했다. 습관의 본성에 관한 생각을 다듬던 1884년에 제임스는 평생의 스승 토머스 데이비드슨에게 보내는 편지에서 이렇게 털어놓았다. "이번 겨울에는 강의 의무가 나의 시간을 그야말로 깡그리 삼켜버렸고 지적인 소득은 거의 없었습니다. 나는 아무것도 읽지 못했고 의지의 자유에 관한 강연문 하나를 빼면 아무것도 쓰지 못했습니다. 이 상황이 어떻게 끝날지 잘 모르겠습니다."[14] 이 말은 이례적인 불평이 아니다. 제임스의 편지들을 잠깐만 훑어봐도, 그의 삶이 늘 불쾌감을 동반했음을 알 수 있다. 그는 열심히 일하는 꿀벌이었지만, 그의 근면성 아래에는 지속적인 정체감과 무기력감이 있었다.

이런 느낌을 어떻게 하면 제거할 수 있을까? 혹은 최소한 다스릴 수 있을까? 2005년에 데이비드 포스터 월리스David Foster Wallace가 한 말마따나, 어떻게 당신은 "서른 살을 먹고 심지어 쉰 살을 먹도록 당신 자신의 머리에 총을 쏘고 싶은 충동을 느끼지 않는가?"[15] 이것은 첫 결혼 생활 내내 나를 괴롭히다가 결국 그 결혼이 깨졌을 때 가장 절실하게 다가왔던 질문이다. 이혼이라는 재난을 겪은 뒤에도 나는 객관적으로 볼 때 여전히 멀쩡했다. 나는 철학을 가르치는 직업, 확실한 수입, 가까운 친구 한두 명이 있었으며 건강도 괜찮은 편이었다. 그러나 이런 객관적 사실들은 하루 종일 침대에 머물고 싶다는 느낌을 가라앉히는 데 전혀 도움이 되지 않았다.

일반적으로 느낌은 가장 사적인 정신 상태로, 우리 정신의 가장 깊숙한 구석을 차지한 그림자로 간주된다. 나의 느낌은 나의 것이며 절대로 당신의 것이 아니다. 앞서 거론한, 참된 자아에 대한 제임스의 분석은 어떤 의미에서 느낌의 내면성을 주춧돌로 삼는다. 그가 가장 강렬하게 **느끼는** 것, 가슴뼈 안에서 **느끼는** 것이야말로 '진짜 나'임이 틀림없다. 우리의 느낌은 우리 각자를 특별하게 만든다. 특별히 낙관적이게, 특별히 민감하게, 특별히 변덕스럽게—아무튼 특별하게 만든다. 그러나 인간의 감정에 관한 이 같은 모형에는 한 가지 작은 문제가 있다. 그것은 《조이 럭 클럽The Joy Luck Club》의 저자 에이미 탄Amy Tan에 의해 명확하게 서술된 바 있다. 탄에 따르면 "우리의 유일무이성은 우리를 특별하게 하고 지각을 소중하게 하지만, 또한 우리를 외롭게 만들 수 있다. 이 외로움은 홀로임과 다르다.…내가 이야기하는 느낌은 우리가 누구인지에 관한 진실을 우리가 완전히 공유하는 것은 절대로 불가능함을 감지하는 것에서 유래한다."[16]

내가 이혼 서류에 서명하기 하루 전날, 한 동료가 내 상태를 점검하러 왔던 일이 기억난다. 그는 책과 지저분한 접시와 온갖 병이 널브러져 있는 나의 아파트에서 한 시간 동안 머물다가 “네 느낌을 개선해 봐!”라는 짧은 말을 남기고 떠났다. 그는 마치 머나먼 곳에 있는 사람처럼, 머나먼 곳의 누군가가 마침내 세계의 기아飢餓를 종식하기를 바라는 사람처럼 그 말을 내뱉었다. 내가 생각하기에, 그는 나의 느낌이, (그것이 어떤 느낌이건 간에) 그가 도달할 수 없는 깊은 곳, 즉 나의 내부에 있다고 믿었다. 그는 나의 느낌에 도달할 수 없었다. 그는 나를 안아주거나 나와 함께 산책할 수도 있었지만 그렇게 하지 않았다. 아마도 그는 내 몸을 쓰다듬거나 운동시키더라도 만신창이가 된 채 숨어 있는 나의 느낌을 개선하는 효과가 거의 없을 거라고 생각했던 듯하다. 하지만 알고 보면 그건 틀린 생각이었다.

《심리학의 원리》의 끝에서 둘째 장 〈감정The Emotion〉 편에서 제임스는 인간의 가장 기본적인 느낌들이 엄격하게 따져도 내면적이지 않을뿐더러 대체로 내면적이지도 않다고 설명한다. 그 느낌들은 단지 ‘우리의 머릿속’에 있지 않다. 감정은 기계 속의 유령도 아니고, 일상에서 우리를 추진하는 어떤 불가사의한 힘도 아니다. 오히려 감정은 항상 우리의 행위 및 신체 상태와 밀접하게 연결되어 있다. 그런데 그 연결 방식은 우리의 통념과 다르다. 나는 일생의 대부분을 내가 가망 없을 정도로 비사교적으로 굴거나, 어질러진 집 안에서 뒹굴거나, 잠자리에서 벗어나지 못하는 것은 우울해서라고 생각했다. 하지만 이건 틀린 생각이다. 제임스는 순서가 거꾸로라고 주장한다. 사람들 앞에서 나의 시선이 늘 바닥을 향해서, 내 집이 조명이 어둡고 비좁아서, 내가 똑바로 서지 못해서, 나는 슬프다. 제임스의 말을 직접 인용하면 "우리는 행복해서 웃는 것이 아니라 웃으니까 행복하다."[17] 행동은 특정한 감정 상태를 불러올 수 있다.

제임스는 생리학을 충분히 오래 공부한 덕분에 오늘날 우리가 '바이오피드백biofeedback'이라고 부르는 현상, 즉 감정의 표출과 주관적으로 느끼는 감정이 상호 강화하는 현상을 이해하기 시작했다. 또 다양한 근거에 기초하여 특정한 신체 활동 및 반응이 '더 거친 감정'(이를테면 후회, 분노, 공포, 기쁨)을 유발한다는 결론을 내렸다. 이것이 오늘날 이야기되는 '감정에 관한 제임스-랑게 이론'의 핵심이다. 표현과 실천적 귀결이 없는 감정은 대체로 무의미하다고 제임스는 주장했다.

> 어떤 강렬한 감정을 상상한 다음, 그 감정에 대한 우리의 의식에서 그 감정의 신체적 증상에 대한 느낌을 모조리 배제하면, 아무것도 남지 않음을 우리는 발견한다.… 격분 상태를 상상하면서 벅차올라 빠근한 가슴, 붉어진 얼굴, 확장된 콧구멍, 악문 이빨, 격렬하게 행동하려는 충동을 상상하지 않을 수 있을까? 일단 필자는 그럴 수 없다.[18]

괴테가 옳았다. "대담함은 마법을 품고 있다." 그리고 인간의 활동이 일으키는 마법은 단지 우리 주변을 바꿔놓고 우리가 사는 환경을 변화시키는 능력에 불과한 것이 아니다. 그 마법은 우리의 활동이 우리 내면의 감정적 지형을 근본적으로 변화시킬 수 있다는 사실과 적잖이 관련이 있다. 제임스에 따르면, 우리의 격정은 우리의 결정과 행위를 납치해서 끌고 다니지 않는다. 오히려 우리의 행동이 우리의 감정을 자유롭게 풀어주거나 억제할 수 있다. 제임스-랑게 이론은 통념에 반했지만, 그 이론의 창시자들은 경험적 증거가 그 이론을 확실히 옹호한다고 생각했다. 《심리학의 원리》에서 제임스는 "공황은 도주에 의해 강화되고" "흐느낌은 슬픔을 더 심화하며" "격분할 때…우리는 돌발적 행동을 반복함으로써…우리 자신을 흥분시킨다"[19]라고 설명한다. 많은 경우, 격정을 누그러뜨리는 첫걸음은 격정의 표현을 거부하는 것이다. 자기파괴적 관계를 자초하여 겪고 서른 살이 된 나는 제임스의 설명에 모종의 지혜가 담겼을 가능성을 인정할 수밖에 없었다. 단지 이를 악무는 행동도 훨씬 더 큰 분노를 유발하는 확실한 방법이다.

마침내 《심리학의 원리》의 끄트머리에 도달했을 때, 나는 앞선 1000페이지가 나를 〈감정〉 장의 이 대목으로 이끌었다고 생각했던 것을 지금도 기억한다. "온종일 맥 빠진 자세로 앉아 한숨을 쉬고, 모든 것에 울적한 목소리로 대꾸하라. 그러면 당신의 우울은 계속될 것이다.…눈썹을 반듯하게 펴고, 눈빛을 밝게 하고, 몸의 배 쪽이 아닌 등 쪽을 수축시켜라.… 그리고 차츰 녹아내리지 않으려면, 당신의 심장은 정말 차가워야 한다!"[20]

이혼 수속을 끝내고 나서 나는 이 대목을 읽고 또 읽었다. 나에게는 또 다른 동료가 있었다. 다행히 그 동료는 "느낌을 개선해 봐!"라고 말한 그 친구가 아니었다. 그 동료가 나를 요가 수업으로 이끌었다. 아무리 좋게 봐도 내 몸매는 신통치 않았다. 요가를 하기에 어울리지 않았다. 당시의 나에게 적합한 호칭이 있다면, '운동 벌레'일 것이다. 운동 벌레들은 고집이 세기 마련이다. 나는 요가 수업에 가고 싶지 않았지만, 실제로 더 행복해지기 위해 '냉혈한처럼' 더 행복한 동작을 실행해야 한다는 제임스의 말을 상기하며 수업에 참석했다.

나의 첫 배우자를 비롯한 많은 사람이 나에게 요가를 해보라고 제안했다. "마음이 정말 편안하고 고요해질 거야." 그녀는 그렇게 말하곤 했다. 나는 내가 이국적인 치마를 두르고 연꽃 속에 앉아 속을 끓이는 모습을 상상했다. 고맙지만 사양할 수밖에 없었다. 나의 동료는 이번엔 다를 것이라고 장담했다. 많이 움직이고 땀도 많이 흘릴 것이라고 했다. 가쁜 숨을 쉬며 뒤처지지 않으려고 주의를 집중하느라 바빠서 엉망진창인 내 삶이나 그 밖의 것들을 생각할 겨를이 없을 것이라고 했다. 그렇다면 그리 끔찍하지 않을 성싶었다. 이국적인 치마를 두를 일은 없을 테니. 수업이 끝날 때만 가만히 앉아 있으면 되는데, 그때쯤이면 휴식이 정말 고맙게 느껴질 것이라고 동료는 장담했다. 그리하여 나는 그 권유를 받아들여, 어느 날 동틀 무렵 보스턴 북쪽 외곽에 있는 요가 수련장에서 그 여자 동료와 만났다.

“눈썹을 반듯하게 펴고, 눈빛을 밝게 하고, 몸의 배 쪽이 아니라 등 쪽을 수축시켜라.” 이것은 《심리학의 원리》에 나오는 제임스의 말이지만, 아쉬탕가 요가에서 기본이 되는 태양경배 동작, 즉 ‘수리야 나마스카라 A’를 위한 기초 지침일 수도 있다. 표정을 편안히 하고, 밝은 눈빛으로 뜻을 모으고, 가슴과 어깨를 펴고 곧게 서라. 이제 시작한다. 상체를 앞으로 굽혀 손이 바닥에 닿게 하고 상체와 하체를 단단히 밀착시켜라. 천천히 바닥에 엎드린 다음, 양손으로 바닥을 짚어 상체를 들어 올리고 고개를 들어 위를 바라보며 등 쪽을 수축시킨다. 이어서 웃을 때처럼 복부 근육을 조이면서 엉덩이를 높이 들어 몸이 뒤집힌 브이 자 모양이 되게 하라. 이것이 ‘아래를 향한 개’ 자세다. 그 자세에서 호흡을 몇 번 하여 신선한 피가 머리로 공급되게 한다. 표정을 느슨하게 풀어라. 느슨하게. 이제 양발을 뛰듯이 재빨리 양손 쪽으로 옮겨와 상체와 하체가 밀착되는 자세로 돌아가라. 이어서 등 근육 전체를 사용하여 상체를 들어 올림으로써 곧게 선 자세로 돌아가라. 이제 양손을 높이 들고 간절한 정성으로 위를 쳐다본다. 이 과정 전체를 반복하라. 반복하고 또 반복하라.

이 태양경배 동작을 네 번 반복했을 때 나는 땀으로 흠뻑 젖었다. 이 신체 동작 처방은 나의 감정적 문제에 왠지 효과가 있었다. 확실히 세상이 좋게 보였다. 아쉬탕가 초급 수련생은 태양경배를 다섯 번만 하게 되어 있다. 하지만 나는 그 동작에 매료되어 그날 집에 돌아와서 백 번이나 했다. 걸린 시간은 세 시간 남짓이었다.

나의 동작은 끔찍할 정도로 엉망이었을 것이 뻔하다. 그러나 곧게 서는 동작의 반복은 중독성이 있었다. 그렇게 무리한 탓에 일주일 동안 걸을 수 없었지만, 다시 걸을 수 있게 되자 나는 동료에게 전화를 걸어 혹시 **나와 함께** 요가 수업에 갈 의향이 있느냐고 물었다. "아쉬탕가는 조금 지나치게 엄격하지 않나요? 어쩌면 동작이 아주 다양한 빈야사(동작과 호흡을 연결하는 요가 수업)도 괜찮을 듯해요." 그녀는 동의했다. 우리는 매일 하루에 두 번씩 두 달 동안 함께 요가를 했다. 그런 뒤에는 하루에 한 번씩 1년 동안 했다.

제임스의 친구 빈첸티 루토스와프스키Wincenty Lutosławski는 요가광이었는데, 제임스는 만년에 그에게 쓴 편지에서 이렇게 말했다. "당신의 이야기를 다 듣고 보니, 요가 수련이 그 모든 단계에서 결국엔 통상적인 것보다 더 깊은 수준의 의지력을 일깨우고, 그럼으로써 개인의 활기와 에너지를 끌어올리는 체계적인 방법이 아닐까 하는 생각이 듭니다."[21]

요가 초심자의 관점에서 봐도, 이건 옳은 생각이다. 세월이 흐르면서 요가는 나에게 제임스풍의 습관이자 일종의 감정적·신체적 전지훈련이 되었다. "누구나 정말로 하기 싫은 일 두 가지를 매일, 단지 훈련을 위해서 해야 한다"라고 제임스는 가르친다. 그런 하기 싫은 일 중 하나가 요가일 수 있음을 그는 간접적으로 알고 있었다.

∅

나의 동료 캐럴은 나에게 요가뿐 아니라 정말 많은 것을 가르쳐 주었다. 우리는 결국 살림을 합쳤고 결혼하기로 마음먹었다. 현재 우리에겐 일곱 살 된 예쁜 딸아이가 있다. 그러나 제임스는 미래를 어떤 식으로든 확정적으로 예견하려 하지 말라고 경고할 것이다. 미래는 결정되어 있지 않다. 많은 아름다운 이야기는 의외의 결말을 품고 있다. 결혼한 지 10년 만에 캐럴과 나는 이혼을 신청했으며, 지금은 이 분열의 한복판에서 우리 딸을 양육하기 위해 애쓰고 있다(이 분열은 틀림없이 또 다른 책에서 다뤄질 것이다).

팔꿈치로 물구나무서기를 하기는 어렵다. 10년 동안 사랑을 유지하기는 더 어렵다. 사랑의 해체를 지켜보는 일은 더욱더 어렵다. 그 해체의 와중에 아이를 양육하기란 더없이 어렵다. 어느 정도 연습해 두는 것이 최선이다. 우리는 거의 깨닫지 못하는 중에 우리 자신을 나르시시즘과 자기파괴로 이끄는 습관들을 형성할 수 있다. 또한 위험을 감수하라고, 쓰러진 다음에 우리의 등 근육을 사용하여 다시 곧게 서라고 가르치는 습관을 형성할 수도 있다. 어떤 습관을 실제로 키우고 어떤 감정을 살릴지 선택하는 것은 어쩌면 전적으로 우리의 몫은 아닐 수도 있겠지만, 전적으로 우리의 통제를 벗어나 있지도 않다.

제임스가 《심리학의 원리》를 자유의지에 관한 논의로 마무리한 것은 이해할 만한 일이다. 실제로 그는 결정론을 옹호하는 모든 논증을 세 페이지에 걸쳐서 간결하게 요약한다. 이 논증들이 바로 삼십대에 그를 우울증으로 몰아갔다. 하지만 이제 상황이 달라졌다. 《심리학의 원리》가 출판되었을 때 제임스는 거의 쉰 살이었다. 출판 계약이 이루어진 후 12년이 지난 때였다. 그만큼 그 책을 쓰기가 어려웠던 것이다. 제임스는 훨씬 더 전에도 **이론적으로는** 결정론을 배척했지만, 《심리학의 원리》에서는 우리를 저지하고 옭아맬 수 있는 습관과 감정을 비롯한 힘들에 대처하는 방법을 실용적 매뉴얼로 제시했다. 그런 힘들에 대처하려면 자유의지가 필요하다. 《심리학의 원리》의 끝에서 제임스는 이렇게 쓴다. "자유의 첫째 행위는 자유 자체를 단호하게 긍정하는 것이어야 한다."[22] 제임스가 볼 때 자유의 둘째이자 지속적인 행위는 자유의 침해에 저항하기 위해 실질적이며 실행 가능한 계획을 수립하는 것이었다. 제임스는 그 계획을 준수하려 애썼으며 때때로 성공했다. 그러나 대답 없이 남은 질문이 하나 있었다. 실패했을 때, 우리가 의지할 곳이 있을까?

4장

의식과 초월

우리의 삶은 항상 우리가 아는 수준보다 더 깊으며
항상 짐작보다 더 신성하다.
그래서 우리는 사정이 달랐다면 우리를 틀림없이 삼켜버렸을
수모와 절망을 견뎌내고 살아남을 수 있다.
— 헨리 제임스 시니어, 《기독교: 창조의 논리》, 1857

윌리엄 제임스는 《심리학의 원리》의 많은 부분을 하버드 과학학교의 한 실험실에서 썼다. 밀실 공포증을 유발하는 그곳은 천장이 낮았고, 불쾌한 냄새가 났고, 내부 구조가 온통 직각이고 장식이 없었으며, 햇빛은 작은 창들로 조금 들어왔다. 제임스가 1870년대 중반에 그 실험실에서 아주 많은 시간을 보냈으니만큼, 미국 경험심리학의 토대는 그 작고 비좁은 방들에서 마련되었다고 훗날 그가 주장한 것은 과장이 아니었다. 극도로 비좁고 답답한 그곳에서 제임스는 습관 형성과 자유의지의 신경학적 기초에 관한 최초의 연구 성과 중 하나를 냈다. 얄궂게도 그곳은 자유의지를 탐구하기에는 제약이 너무 많은 장소였지만, 그는 자유

의지가 어떻게 작동하는지 설명하고 자유의지의 발휘를 가능케 하는 조건과 제약하는 조건을 서술하려 최선을 다했다. 제임스가 심리학의 역사에서 미국 최초의 인지과학자로 평가받는 것은 이 성실한 연구 덕분이다. 그러나 엄밀히 따지면, 이는 틀린 말이다. 정신적 삶에 관한 제임스의 가장 급진적 통찰은 그가 실험실의 벽 너머로 과감히 나아갔을 때, 벽을 넘어서 한참 나아갔을 때 이루어졌다.

이어진 10년 동안, 제임스는 그 자신이 완전히 이해하거나 서술할 수 없으며 통제는 더더욱 할 수 없는 인간 조건의 면모들을 탐구하기 시작했다. 이 연구의 동기는 지적인 것인 동시에 대단히 개인적인 것이기도 했다. 우리의 의식이 인간 유한성의 경계를 초월하거나 극적으로 확장하는 것을 허용하는지 여부를 그는 알고 싶어 했다. 어쩌면 당신은 "세상에 이럴 수가. 이건 **뭔가 달라!**"라는 탄사를 자아내는 경험을 해본 적이 있을 것이다. 제임스는 그런 '뭔가 다른' 경험을 탐구했다.

제임스의 초월 탐구는 사십대에 그에게 조용히 닥친 비극이 그 동기였다. 1884년에 그의 아버지가 세상을 떠났고, 제임스는 그 해의 상당한 기간을 신비주의와 신학에 관해 아버지가 쓴 글을 수집하고 검토하는 데 보냈다. 그 글은 《헨리 제임스의 유고The Literary Remains of Henry James》로 출판되었는데, 엄밀히 말하면 이 책이 윌리엄 제임스의 첫 책이다. 유고를 정리하면서 제임스는 다음과 같은 아버지의 통찰을 새삼 주목했다.

> 삶은 마냥 웃기는 연극이 아니며 고상한 코미디도 아님을, 정반대로 인간은 본질적 결핍 속에 뿌리를 내리며, 그 결핍의 더없이 심오한 비극적 깊이로부터 삶이 꽃피고 열매 맺는다는 것을, 지적인 청소년기에만 이르러도 누구나 알아채기 시작한다. 영적인 삶을 살 수 있는 모든 사람이 자연적으로 물려받는 유산은 진압되지 않은 숲이다. 거기에서 늑대가 울고 음란한 밤새가 재잘거린다.[1]

그러나 헨리 제임스 시니어는 (영적이고 지적인) 탈출이 가능하다고 믿었다. 비록 온갖 비극으로 점철될지라도, 삶은 '꽃피고 열매 맺을' 수 있다. 이 믿음은 아버지가 죽고 얼마 지나지 않아 어린 아들 허먼을 잃은 제임스에게 적잖은 위안을 주었다. 제임스가 '험스터'라고 부른 허먼은 백일해의 합병증으로 폐렴에 걸려 사망했다. 제임스는 자신은 그 아이에 대해 아는 바가 거의 없다고 고백하면서 아이를 엄마에게 일임했다. 그는 어린 아들이 '계속 있을' 거라고 생각했다. 그러나 연약하고 너무나 인간적인 것들이 다 그렇듯이, 허먼은 한동안 있다가 갑자기 떠났다. 제임스 가족은 아이를 가족묘 한구석에 묻었다. 때는 1885년 7월이었고, 나뭇가지로 엮은 바구니를 관으로 삼았다. 슬픔에 잠긴 제임스는 어린 허먼이 '그들 무리의 꽃'이었으며 때 이르게 꺾였다고 되풀이해서 썼다. 이제 중요한 문제는, 어떻게 삶이 계속될 수 있는가, 어떻게 삶이 다시 '꽃피고 열매 맺을' 수 있는가였다. 허먼을 잃은 경험은 '실존이라는 것의 견딜 수 없이 불가사의한 맛'을 제임스에게 안겨주었다.[2] 그는 그 상황에서 벗어나기를 의지할 수 없었다. 그는 이 현실에 익숙해질 수 없었다. 오히려 실존의 불가사의함 속으로 더 깊이 들어갈 셈이었다. 혹시 그 불가사의함이 견딜 수 없는 것이 아니게 될 수 있는지 알아보기 위해서 말이다. 의식에 대한 그의 탐구는 그렇게 될 수 있음을 보여주었다.

제임스는 대체로 《심리학의 원리》를 쓰는 일에 몰입함으로써 개인적 비극으로부터 탈출했다. 그러나 운 좋게도, 그가 1880년대에 수행한 꼼꼼한 기초 연구는 인간 정신의 작동에 특이하고 엄청난 면모가 있다는 통찰을 제공했다. 그의 의식 연구는 그의 초월 욕망과 거의 구별할 수 없을 정도로 뒤섞였고, 그는 정신 자체가 구원의 잠재력을 보유했음을 발견했다. 심리학 연구가 깊어질수록 제임스는 의식을 완전히 이해하기가 불가능함을 점점 더 확신하게 되었다. 철학과 심리학은 실험적으로 연구되어야 했다. 그러나 제임스는 훗날 이렇게 공언한다. "개인적으로 나는 인간의 경험이 우주에 존재하는 최고 형태의 경험이라는 것을 확고히 불신한다."[3] 제임스에 따르면, 경험의 역동과 범위를 확정적으로 설명하기란 항상 불가능하다는 점이 정신의 면밀한 연구에서라면 어디에서나 드러날 터였다. 할 얘기는 늘 더 있었다. 그야말로 늘 그러했다.

경험주의 심리학자들은 뇌나 척수 같은 대상을 토막 내듯이 정신을 분해함으로써 이해하려 애쓴다. 하지만 몇몇 질문에 대해서는 경험적 연구 방법으로 답을 얻는 것이 단적으로 불가능하다. 예컨대 정신과 신체의 관계를 완벽하게 설명할 수 있을까? 이 질문은 전통적으로 '정신-신체 문제'로 불렸지만 오늘날엔 의식에 관련된 '어려운 문제'로 불린다. 제임스가 《심리학의 원리》를 연구하던 시절로부터 100년 이상 지난 1989년, 현존하는 철학자 콜린 맥긴Colin McGinn은 철학 저널 《마인드Mind》에 〈'정신-신체 문제'를 풀 수 있을까?Can We Solve the Mind-Body Problem?〉라는 논문을 발표했다. 맥긴은 그 문제를 풀 수 없다고 결론짓는다. 의식은 "인간의 지능으로는 영영 풀지 못할 수수께끼"라는 것이다. 그의 주장에 따르면, 극복할 수 없는 방법론적 장애물이 존재한다. 과학의 객관적 방법은 인간의 주관적 경험에 대한 설명에서 그 장애물까지만 나아갈 수 있다. 우리가 느끼는 의식의 '내부'는 과학적 관찰로는 절대로 탐구할 수 없는 무엇이다.[4]

제임스는 한 세기 앞서서 똑같은 이유에서 똑같은 결론에 도달했다. 《심리학의 원리》 7장 〈심리학의 방법과 그 함정〉에서 제임스는 이렇게 쓴다. "심리학자에게 그가 연구하는 정신은 대상이며… 기타 대상의 세계에 속한다."[5] 제임스의 시대나 지금이나 심리학자들은 생각의 과정을 (해부된 개구리를 쿡쿡 찔러볼 때처럼) 실험적으로 연구한다. 제임스에 따르면, 그들이 사용하는 경험적 방법은 "극도의 인내심을 요구하며, 따분함을 느낄 수 있는 사람들이 사는 나라에서는 태동할 수 없었을 것이다."[6] 이 방법은 독일에서 태동했는데, 제임스가 보니 그곳의 심리학자들은 "정신적 삶의 요소들을 연구하고, 그것들이 내장된 전체적 결과로부터 그것들을 떼어내고, 가능한 한 그것들을 수량으로 환원하는 작업에 몰두한다." 이 방법은 어느 정도까지는 성공적이지만 실은 불충분하며, 우리 대다수가 '정신'이라고 간주하는 것을 완벽하게 서술하는 수준에 도달하지 못하는 것이 확실하다. 과학이 인간의 의식 연구에서 실패하는 이유는 과학의 방법이 필연적으로 객관적이고 분석적인 데에 있다.

이 방법의 문제점은 의식의 주관적 의미, 곧 '내부로부터의 정신mind from within'의 관점을 영영 놓치는 것이라고 제임스는 주장한다. 제임스는 '내부로부터의 정신을 연구하려' 애쓰는데, 그럴 때 그가 강조하는 것은, 인간의 생각을 해부대 위에 올려놓고 여러 조각으로 분할하고 그 모든 조각을 정량화하는 방법으로는 인간의 생각을 완전히 서술할 수 없다는 점이다. 이 방법으로도 이뤄낼 수 있는 것이 있다. 당신이 이 방법을 실행하면, 당신이 탐구하고자 한 바로 그것, 곧 인간으로서 산다는 생생한 경험이 파괴된다. 이를 제임스는 《심리학의 원리》에서 다음과 같이 표현한다.

> 연속적인 정신의 흐름은 희생되고, 그 대신에 원자론이, 벽돌 건축의 관점이 설파된다. 정신의 원자론적 구조의 존재에 대해

> 서는 설득력 있는 내성적introspective 근거를 댈 수 없으며, 그 구조로부터 현재 온갖 역설과 모순이 발생한다. 이것이 정신을 연구하는 학생들이 물려받은 한탄스러운 유산이다.[7]

정신에 관한 이론이 증거와 경험에 반한다면, 그 이론을 기초부터 수정하는 것을 고려하는 것이 최선이다. '벽돌 건축의 관점', 곧 정신이 멈춰 있는 원자적 부분들로 구성되어 있다는 견해에 맞서, 인간의 생각은 개인적이고 연속적이며 변화무쌍하다고 제임스는 주장했다. 의식은 (엘버트 허버드Elbert Hubbard의 표현을 빌리면) '하나씩 연달아 지긋지긋하게' 일어나는 감각들의 더미가 아니다. 또한 때때로 우리는 '자의식self-concious'이 있다고 말하지만, 의식은 우리가 완전히 자각할 수 있는 무엇도 아니다. 오히려 의식은 이음매 없는 운동이며 언제나 진행 중이다. 이를 표현하는 제임스의 유명한 용어가 바로 '의식의 흐름stream of consciousness'이다.

오늘날의 철학자 대다수는 제임스가 '의식의 흐름'이라는 개념을 제안한 것이 철학사 혹은 정신철학에서 중요한 전환점이었다고 평가한다. 실제로 제임스는 한 세기 넘게 근대 철학을 지배했던 두 가지 논증을 반박하기 위해 최선을 다했다. 첫째, 그는 존 로크의 '단순한 관념'(곧 경험의 흐름 속에서도 변함없이 유지되는 불변의 정신적 사실)에 관한 이론을 명시적으로 비판했다. 둘째, 제임스는 의식이 오늘날 '감각 자료sense-data'로 불리는 것(곧 우리의 지각 능력 앞에 직접 나타나는 분절적인 정신적 이미지들의 연쇄)에 대한 경험을 통해 발생한다는 데이비드 흄의 견해에 이의를 제기했다. 물론 제임스는 다른 철학자들과도 대결했다. 그러나 제임스의 연구를 학술적 논쟁으로 국한해서 해석하는 것은 《심리학의 원리》에 담긴 '의식의 흐름'에 관한 그의 연구를 정당하게 평가하는 길이 아니다. 실제로 그는 훨씬 더 근본적인 것, 즉 삶을 긍정하는 지적 프로젝트를 위한 기반을 닦았다.

제임스에 따르면, '의식의 흐름'에 관한 첫째 명제는 생각은 항상 개인적이라는 것, 바꿔 말해 주관적으로 품어지고 경험된다는 것이다. 나의 생각은 항상 크거나 작은 정도로 **나의** 처분에 맡겨져 있다. 나는 나의 의식 흐름의 특정 구간에 대해서, 말하자면 독점적 소유권을 지녔다. 제임스를 인용하면, "각각의…〔정신은〕…자신의 생각을 홀로 간직한다. 증여나 물물 교환은 없다. 어떤 생각도 자신의 개인적 의식이 아닌 다른 개인적 의식 안에 있는 생각을 절대로 직접 볼 수는 없다. 절대적 절연, 환원 불가능한 다원성이야말로 법칙이다."[8] 어쩌면 당신도 나처럼 당신의 생각이 그리 특별하지 않다고 생각할지 모른다. 그러나 그렇게 생각한다면 당신은 큰 실수를 범하는 것이라고 제임스는 거듭 주장했다. 생각은 항상 완벽하게 유일무이하고 완벽하게 당사자의 것이다. 당신으로부터 모든 것을 빼앗더라도, 당신은 여전히 당신의 생각의 흐름을 소유할 것이다. 만약에 당신의 생각들이 존재하기를 그친다면, 당신도 존재하기를 그칠 것이다. 이 대목에서도 제임스는 그가 물려받은 초월주의 성향을 드러낸다. 그의 견해는 "결국 신성한 것은 당신 자신의 정신의 온전함밖에 없다"[9]라는 에머슨의 주장을 연상시킨다. 당신이 당신의 정신을 가지고 무엇을 하는지, 당신이 무엇을 알아채는지, 당신이 무엇을 간과하는지는 대체로 당신에게 달렸다. 이것을 출발점으로 삼자고 제임스는 제안한다. 당신은 정확히 무엇을 알아채는가? 당신은 **더 많은 것**을 알아챌 수 있는가?

요새 나의 학생들은 사람이 '깨어 있다'라는 표현을, 판에 박힌 사고방식으로는 간과하는 것들을 알아챈다는 뜻으로 사용한다. 그러니까 깨어 있는 사람이란 과거 세대의 편견과 선입견을 깨닫고 자발적으로 눈을 크게 뜨고 계속 성장하는 사람이라고 나는 이해한다. 그런 사람은 삶과 자신의 진면목을 알아본다. 나는 이 경지를 어느 정도 이해한다고 학생들에게 말한다. 나의 이해는 《월든》의 결론 부분에 나오는 다음과 같은 헨리 데이비드 소로의 말과 상통하는 구석이 있다. "우리가 깨어 있는 날에만 동이 튼다. 동이 터야 할 날이 더 많다. 태양은 아침 별일 따름이다." 학생들은 어깨를 으쓱하며 이렇게 대꾸한다. "뭐, 아무튼, 그 저자는 깨어 있네요." 제임스의 의식 연구는 애초부터 이런 실존적 각성, 이를테면 소로풍의 깨어 있음을 내다보았다. 앞선 초월주의자들의 뒤를 이어 제임스는, 삶이 그나마 제공하는 혜택 중 하나는 제대로 의식하는 능력이라고 믿었다. 물론 대다수 사람들은 의식이 있지만, 제임스에 따르면 "우리가 마땅히 도달해야 할 상태와 비교하면, 우리는 반만 깨어 있다."[10] 일생 내내 우리는 몽유하며, 우리의 경험적(그리고 도덕적) 문턱보다 훨씬 아래쪽에서 활동한다. 《심리학의 원리》에서 의식의 흐름을 다루는 장은 우리를 깨우는 작업의 예비 단계다. 그 단계는 우리가 눈을 뜰 여건을, 의식의 흐름은 빠르고 폭넓고 끊임없음을 알아챌 여건을 조성한다.

대개 나는 의식의 흐름을 따라가지 않는다. 오히려 나는 데이비드 포스터 월리스가 말한 '나 자신의 두개골만 한 왕국' 안에 틀어박히곤 한다. 수렁에 빠지듯이, 나 자신의 정신에 의해, 나 자신의 정신 속으로 빠져드는 것이다. 이것이 나만의 독특한 성향이라고 생각하지는 않는다. 다만, 얼마나 일찍부터 이런 성향이 나타났는가 하는 면에서는 어쩌면 독특할지 모르겠다. 아주 어렸을 때(어쩌면 다섯 살 때), 나는 학교에서 보낸 하루가 얼마나 고통스러웠는지를 나의 할머니 헤이즐에게 자주 설명했다. 나는 유치원생 수준인 나의 영혼을 침해한 현실의 불의 혹은 상상의 불의에 집착했고, 그러다 보니 나에게 당연히 필요하고 또 내가 마땅히 누려야 할 숙면을 이루지 못했다. 아침에 나를 깨울 때 할머니는 항상 커튼을 걷으면서 날씨와 상관없이 '좋은 날'이라고 선언하시곤 했다. 그것은 하나의 가능성이었다. 그러나 어둠이 내리고 내 기분이 하강하면, 나는 그날의 가능성과 비교적 밝은 면을 깡그리 잊고 할머니에게 오늘 하루가 얼마나 지긋지긋했는지 이야기하곤 했다. 학교 전체가 **나**를 잡아먹으려 했다고 말이다. 할머니는 마디 굵은 손가락을 세워 입술에 대고 내가 조용해질 때까지 기다렸다. "잊어버리거라, 존. 이것도 지나갈 거야. 벌써 지나갔잖니"라고 할머니는 말씀하시곤 했다. 어릴 적에 나는 이 현명한 말이 몹시 싫었다. 동일한 철학적 입장에 기초한 할머니의 다른 주문들보다 약간 더 들을 만한 수준에 불과했다. "존, 똑같은 강물에 두 번 들어갈 수는 없단다"라는 주문도 있었다. 이것은 어떤 실패나 굴욕도 되풀이되지 않을 것이라고, 최소한 똑같이 되풀이되지는 않을 것이라고 안심시키는 말이었다. 내일은 또 다른 날, 전혀 다른 날이었다.

최근에야 나는 할머니의 말에 담긴 심오하고 영원한 진리를 깨닫기 시작했다. 그것은 번지수 틀린 낙관론이나 희망 섞인 생각이 아니었다. 할머니는 제임스가 서술한 의식의 흐름에 관한 기본적인 사실 하나를 얘기하셨던 것이다. 이 또한 지나가리라는 것을. 더구나 우리가 생각할 수 있는 수준보다 훨씬 더 빠르게. 보라, 벌써 지나갔다. 어떤 상황, 더 정확히 말하면, 어떤 정신 상태건 간에 일시적이다. 제임스를 인용하면, "**어떤 상태든지 지나가고 나면 과거와 똑같이 다시 올 수 없다.**"[11] 예컨대 우리는 피아노로 친 동일한 음을 두 번 들을 수 있지만, 두 번째로 듣는 음은 처음에 들은 음과 절대로 똑같지 않다. 모든 경험의 순간은 저마다 섬세한 변형과 미묘한 대비의 순간이다.

일상생활이 너무 바빠서 나는 현재의 덧없음을 잊을 때가 많다. 내가 지금 뒤뜰에서 보는 풀은 과거에 늘 띠었던 초록색을 똑같이 띠고 있다. 뿌리 근처에서 어른거리다가 사라지는 푸른색, 저녁에 풀밭에 드리우는 자주색, 이슬 맺힌 아침에 풀잎을 장식하는 옅은 노란색을 나는 보지 못한다. 제임스의 설명에 따르면, "일반적으로 우리는 동일한 사물이 다양한 거리와 상황에서 다양하게 보이고, 들리고, 냄새를 풍기는 데 주의를 기울이지 않는다."[12] 우리의 경험에 만연한 차이들에 주의를 기울이는 대신, 우리는 동일성과 유사성을 상정하고서 활동한다. 이 풀은 어제의 풀과 똑같다, 이 일은 내가 어제 한 일과 똑같다. 이 사람은 아마도 어제 한 말과 똑같은 말을 할 것이다. 우리는 이렇게 상정하고, 때때로 삶은 이런 식으로 더 수월해진다. 그러나 경험에 대한 이 같은 해석은 심각하게 그릇된 측면이 있다고 제임스는 생각한다. 이 해석은 삶을 더 수월하게 만들지 몰라도 더 낫게 만들지는 못한다. 우리는 일관성을 명분으로 특수성과 가능성을 희생시킨다. 그러면서 특수성과 가능성이 흔히 제공하는 아름다움도 희생시킨다. 우리 의식의 흐름은 제자리를 맴돌고, 고이고, 탁해진다.

물론 나는 의식의 흐름이 잔잔해지고 느려지고 일시적으로 멈추는 것이 불가능하다고 주장하려는 것은 아니다. 한동안 그렇게 될 수는 있다. 제임스를 인용하면 "새의 삶과 유사하게 의식의 흐름은 날아가기와 앉아 있기가 교대로 구성되는 듯하다."[13] 앉아 있는 순간은 우리의 깨어 있는 삶에서 비교적 안정적인 순간, 생각들이 굳어지고 모양이 잡히는 때다. 하지만 다음은 다시 이륙이다. 교대의 빈도는 다양하겠지만, 우리가 새장에 가두거나 날개를 묶어놓지 않는 한, 새는 늘 움직인다. 제임스는 이렇게 설명한다. "〔의식이 흐르는 속도가〕 빠를 때, 우리는 경과, 관계, 의식**으로부터의** 이행이나 의식 **사이에서의** 이행 등을 알아챈다. 실제로 경이로운 의식의 흐름을 전반적으로 살펴보면 맨 먼저 눈에 띄는 것은 의식의 부분들이 지닌 이 같은 다양한 속도다."[14] 의식에 관한 제임스의 서술은 초연한 분석이 아니다. 그가 의식을 '경이롭다'라고 한 데에는 이유가 있다. '경이'를 뜻하는 영어 'wonder'는 고대 영어 'wundor'에서 유래했는데, 이 단어는 '신기한 것, 기적, 대단히 놀라운 것'을 뜻한다. 제임스는 대단히 놀랄 만하지만, 또한 놀랄 만큼 쉽게 간과되는 무언가로 우리의 관심을 끌어당긴다.

오랫동안 나는 '경이로운 의식의 흐름'을 대수롭지 않게 여겼다. 한마디로 그 경이로움을 이해하지 못했다. "그래, 난 경험의 순간적 차이들을 알아채지 못해. 그래서 뭐가 문젠데?" 그 후 나는 나이를 먹었고, 한 번도 진지하게 고려해 본 적 없는 성년기의 한 가지 면모를 발견했다. 즉, 사람의 중년은 설령 객관적으로 성공적이라 하더라도 전혀 경이롭지 않음을 알게 되었다. 오히려 중년은 소외를 유발하고 따분할 수 있다. 이 사실을 확실히 깨달았을 때, 나는 서른여섯이었다. 나는 제임스의 믿으려는 의지를 완벽하게 이해했고 건강한 정신의 습관 몇 가지를 확립했다고 자부했다. 그러나 내가 의지하여 이혼 및 재혼 그리고 여러 실존적 유턴을 실행한 뒤에도 단조로움 탓에 멍해지고 고립감 때문에 아파하는 나 자신을 점점 더 자주 자각했다. 가정을 꾸린 후, 나는 정말 더 잘 해내고 있었다. 그것도 아주 잘 해내고 있어서, 스멀스멀 기어드는 불편함이 더욱더 당혹스러웠다. 다른 사람들처럼 나도 재혼이 나의 정신적 삶에 영구히 적합하리라고 짐작했다. 그러나 아니었다. 전혀 아니었다.

나는 캐럴에게 말하지 않았다. 그녀에게 걱정을 끼치기 싫었다. 그러나 그녀는 알았다. 나는 요가를 더 많이 하고, 더 먼 거리를 달리고, 즐길 만한 활동을 찾아 홀로 여행을 하기 시작했다. 여름이면 알프스에서 행복을 발견할 수 있기를 바라며 가족을 이끌고 스위스에 갔다. 헛수고였다. 나는 약을 먹었다가, 끊었다가, 다시 먹었다. 나에게 무슨 문제가 있었던 것일까? 나는 근본적으로 배은망덕하지 않았으며 진짜 개차반도 아니었다. 어쩌면 양쪽 다였을지도 모르겠다. 제임스의 뒤를 이어 윌리스는 무슨 생각을 하고 어디에서 의미를 발견할지는 각자의 선택에 달렸다고 말했다. 망설일 것 없이 선택을 시도해야 한다고 나는 생각했다. 내 정신이 더 나은 것들로 채워지도록 선택할 셈이었다. 하지만 그런 시도가 늘 성공적이지는 않았고, 나는 윌리스가 마흔여섯에 샤워커튼 걸이에 목을 매 자살했음을 알고 있었다. 그 나이까지 나에게 남은 시간은 채 10년이 안 되었다. 몇몇 밤에 나는 나에게 남은 시간을 헤아려보았다.

∅

3년이 지난 지금, 제임스의 《심리학의 원리》를 다시 읽으면서 나는 과거에 아무 생각 없이 간과한 무언가를 주목하기 시작한다. 그 책의 많은 부분에서 다루는 것은 의지의 권능, 다른 생각이나 행동이 아니라 이 생각과 행동을 선택할 수 있는 능동적 능력이다. 그러나 그 책은 정반대의 경향도 미묘하게 띠고 있다. 즉, 독자에게 능동성이 아니라 오히려 수용성receptivity을 가르치려는 욕망이 느껴진다. '유의미하게 능동적으로 굴어라. 하지만 그래야 마땅한 때에는 수동적이고 개방적으로 굴어라. 그리고 이것이 더 중요한데, 올바른 방식으로 수동적이고 개방적이어야 한다.'

듣기는 쉬워도 실행하기 어려운 가르침이다. 우리의 의지는, 그리고 우리 삶의 구조와 조직을 좌우하는 실천적 목표들은 우리가 경험의 범위를 온전히 알아채지 못하게 만든다. 우리는 긴급하고 즉각적인 것과 정말로 중요하거나 경이로운 것을 흔히 혼동한다. 아주 좋은 습관이라 하더라도 우리의 습관은 우리를 폐쇄하여, 볼 수도 있었을 것을 못 보게 하고 될 수도 있었을 것이 못 되게 한다. 제임스는 이렇게 말한다. "우리 자신의 실천적 관심의 아우성이 우리를 다른 모든 것에 눈멀고 귀먹게 만든다."[15]

제임스가 1880년대에 지각 연구에서 얻은 다음과 같은 어렴풋한 깨달음은 훗날 의식의 범위와 의미에 관한 본격적인 철학적 통찰로 발전한다.

> 대다수 사람들은 신체적 측면에서건, 지적 측면이나 도덕적 측면에서건, 자신의 잠재적 존재 범위 전체 가운데 매우 한정된 구역 안에서만 산다. 그들은 가능한 의식과 영혼의 자원 일반을 아주 조금 사용한다. 그들은 자신의 몸 전체에서 오로지 새끼손가락만 사용하고 움직이는 습관을 들여야 하는 사람과 매우 비슷하다.[16]

제임스가 옳았다. 나는 여전히 매우 한정된 구역 안에서 살고 있었다. 그 구역은 어쩌면 어느 정도 나 자신이 만든 것이었지만 그래도 튼튼한 울타리로 에워싸여 있었다. 중년의 목표와 기대, 즉 나 자신과 가족을 위한 나의 희망과 공포가 내가 세계를 이해하는 방식을 서서히 왜곡했다. 더구나 내가 세계를 지각하는 방식을 더 심하게 왜곡했다. 나만 이런 '터널 시야tunnel vision'를 경험하는 것은 아니다. 제임스는 '터널 시야'란 의식의 바탕에서 생동하는 변이를 알아채지 못함, 한 경험의 순간이 다음 경험의 순간과 똑같다는 경솔한 억측, 사물들의 차이를 알아채지 못하고 따라서 사물들의 의미를 알아채지 못함이라고 설명한다.

그러나 우리는 온전한 시각을 회복할 수 있다. 그 회복은 천천히 이루어질 수도 있고 단번에 이루어질 수도 있다. 1890년대 초반에 행한 강의에서 제임스는 이렇게 말했다. "내적 의미를 보는 더 높은 시각은 보통 기존에 우리가 죽은 외적 방식으로만 지각했던 것에서 갑자기 생겨난다. 그럴 때 그 시각은 당사자의 역사에서 한 시대를 연다." 이 획기적인 순간은 경계가 명확히 그어진 선택에 의해 발생하거나 통제되지 않는다. 이 '경험'의 순간은 변화, 이를테면 새 직업, 새 파트너, 새집 같은 변화를 선택하는 일과 전혀 다르다. '경험'에 선택이 조금이나마 끼어들 수 있더라도, 경험하기는 웃기와 유사하다. 당사자가 경험할 성향과 의향을 얼마쯤 가질 수는 있을지 몰라도, 우격다짐으로는 결코 경험을 성취할 수 없다. 우리는 제임스가 말한 '내적 의미를 보는 더 높은 시각'을 흐릿하게 만들거나 점유할 역량이 있다. 그러나 그런 시각을 육성하고 유지하는 것은 완전히 다른 문제다. 자유의지의 힘에 집착하는 사람, 삶의 효력은 오로지 당사자의 결정과 실천적 활동에 달렸다고 생각하는 사람에게는 이 논의가 상당히 불만스러울 수 있다. 이 논의는, 흔히 인간적 의미는 나타나고 사라지는 사물들을 명확히 보는 것에 의존함을, 사물을 명확히 본다는 것은 행동하고 의지하는 것이 **아니라** 자신이 아닌 무언가를 보면서 고요히 멈춰 있는 것임을 시사한다.

나는 태양경배 동작을 우격다짐으로 썩 잘 해냈다. 반면에 그냥 앉아서 주위 사물들을 알아채기는 훨씬 더 어려웠다. 제임스의 주장에 따르면, '믿으려는 의지'의 '할 수 있다'라는 정신적 태도는 과거 세대의 초월주의자들이 보존하려 애썼던, 경험을 향한 개방성에 의해 완화되고 때로는 진압되어야 한다. 제임스는 이렇게 쓴다. "에머슨의 말마따나 〔더 높은 시각이 생겨나는〕 그 순간들은 깊이가 있으며, 그 깊이가 우리를 강제하여 다른 모든 경험보다 그 순간들에 더 많은 실재성을 부여하게 만든다. 사랑의 격정은 폭발처럼 당사자를 뒤흔들 것이다. 혹은 어떤 행동은 후회막심한 죄책감을 일으켜 여생 내내 당사자 위에 구름처럼 드리우게 할 것이다."[17]

사십대의 대부분을 심리학 실험실에 갇혀서 지낸 제임스가 이런 에머슨풍의 초월적 경험의 깊이를 대체 어떻게 가늠하게 되었을까? 실은 약간의 도움이 있었다. 일종의 지침, 초보 교육, 적절한 배경이 있었다. 1874년, 벤저민 블러드Benjamin Blood는 《마취 상태에서 드러난 바와 철학의 요지The Anesthetic Revelation and the Gist of Philosophy》라는 37쪽짜리 소책자를 출판했다. 이 작품은 의식의 흐름 중에서 가장 깊고 빠른 부분에 도달하는 길을 제시했다. 블러드가 계속 집착한 목표는 자신을 발견하는 경험, 혹은 더 정확히 말하면 자신을 초월하는 경험이었다.

그리고 1860년부터 그는 이 목표를 위해 극단적인 수단들을 동원하기 시작했다. 그는 실재에 대한 정상적인 지각을 확장하거나 거기에서 탈출하기 위한 수단으로 아산화질소—일명 '웃음 기체' 혹은 (당대 아이들의 언어로는) '휘펫whippet'—를 실험적으로 사용했다. 블러드는 그 경험을 곧바로 서술하고 싶었지만, 잠재적 비판에 대비하기 위해 14년을 기다린 뒤에 《마취 상태에서 드러난 바와 철학의 요지》를 출판했다. 블러드는 미지의 의식 구역을 탐험하여 그곳의 흐름과 절대적 깊이를 탐구했다. 그는 이렇게 썼다. "거의 14년에 걸친 실험 끝에 나는, 마취되어 혼미한 의식에서 분별 있는 관찰로 복귀하는 순간, 곧 '의식을 차리는coming to' 순간 즈음에 어떤 조건(혹은 무조건uncondition)이 변함없이 신뢰할 만하게 발생하고 **그때 존재의 천재성이 드러난다**고 단언한다. 원한다면 누구라도 이를 증명할 수 있을 것이다."[18] 이것은 미국에서 최초로 나온 환각 체험(속어로 '여행trip')에 대한 상세한 서술이었다. 그리고 제임스는 결국 자기 나름의 '여행'을 하기에 이른다.

1874년 11월, 제임스는 《마취 상태에서 드러난 바와 철학의 요지》의 서평을 썼다. 잘 알려진 대로, 제임스는 르누비에의 사상에 빠져드는 경험을 했는데 그 직후부터 그는 온갖 형태의 자유를 실험했고, 그 과정에서 결국 벤저민 블러드와 마주쳤다. 훗날 제임스는 블러드에 대해 이렇게 쓴다. "그 책이 어떻게 내 손에 들어왔는지는 잊어버렸다. 그러나 그 책은 나를 대단히 '기괴하게' 매혹했다. 내가 의식하기에 그 책은 그 후 줄곧 내 사유에서 하나의 디딤돌 노릇을 했다." 이것은 조금 정직하지 않은 진술이다. 그 책이 그의 손에 들어온 것은 의심의 여지 없이 그가 그런 환각 체험(그야말로 정신이 폭파되는 현상)에 관심이 있었기 때문이다. 제임스는 블러드가 《마취 상태에서 드러난 바와 철학의 요지》에서 증언한 바에 대하여 이렇게 논평했다. "우리는 블러드 씨의 이른바 발견에 대해서 상당히 깊은 의심을 품고 있지만, 그것을 조롱하는 군중에 가담하여 늑대 떼처럼 울부짖지는 말아야 할 것이다. 열반nirvana(명칭은 달라도 상관없다)은 삶의 완성으로서 워낙 자주 상상되고 거론되어 왔으므로 무의미할 리 없다."[19] 심지어 청년기에도 과학자였던 제임스는 좋은 과학자라면 누구나 그렇듯이 열반을 스스로 보기를 원했다. 그 이후 10년 동안 제임스는 블러드를 모범 삼아 다양한 양의 (때로는 거의 치사량의) 아산화질소를 사용하여 실험했다. 비록 결국엔 늑대 떼처럼 울부짖는 편이 더 적절했을 수도 있음이 드러났지만 말이다.

제임스와 블러드는 평범한 어른의 삶의 합리적 작동과 경솔한 확실성에 심각한 회의를 품고 있었다. 평범한 어른은 형식화하고 개념화하고 논증할 수 있지만, 그럼으로써 그는 오로지 가장 결정적이고 유의미한 것, 즉 실재의 순수한 충만함과 고유함을 대체한 가련한 것들을 내놓을 뿐이라고 제임스는 의심했다. 이제 웃음 기체의 도움으로 제임스는 증명을 얻었다. 즉, 실재는 모든 형식적 파악comprehention을 능가한다. 어떤 인간적 서술로도 '의식을 차리는' 경험, 즉 희열과 공포를 동반한 경험을 표현할 수 없다. 흥미롭게도 제임스의 아산화질소 실험은 우리의 일상적 실재 지각에 대한 비판을 불러왔을 뿐 아니라, 제임스에게는 이것이 중요했는데, 거창한 철학에 대한 경고도 산출했다. 같은 맥락에서 블러드는 이렇게 말했다. "모든 철학의 요지는, 철학이란 전체the All를 파악하기에 불충분하다는 것이다. 혹은 아무튼 철학은 전체를 진술하기에 불충분하다는 것이다."[20] 이것은 인간 정신의 통찰 능력을 벗어난 '전체', 벽돌들이 완벽하게 조립되고 통합되어 이룬 전체가 실제로 존재한다는 주장이 아니다. 오히려 '여행'

경험은 전혀 다른 무엇을 시사했다.

블러드의 통찰을 요약하면서 제임스는 이렇게 설명한다. "간단히 말해서 존재의 비밀은 앎 **너머의** 어두운 어마어마함이 아니라, 앎이 **간과한** 여기, 이편this side, 발밑이다."[21] 제임스가 보기에 '존재의 비밀'은 '의식 차리기'라는 언뜻 간단해 보이는 활동에서 드러났다. 한편으로 발견을 위한 관건은 물리적·지리적 의미에서 다른 곳을 모험하는 것이다. 그러나 다른 한편으로 발견은 항상 이미 여기에 있는 것을 향해 깨어나는 활동이다. 때때로 발견은 당사자의 현재 관심 범위 바로 바깥에 놓인 무언가에 발이 걸리는 경험, '의식을 차리는' 느낌이다. 의식을 되찾는 느낌, 낯설고 미끄럽지만 바로 코앞에 있는 장소에 이르는 느낌이다. 이것은 초점이 일원적이지 않고 다원적이며 형식이 정적이지 않고 동적인 독특한 신비주의의 기초였다. 신비주의적 통찰에 호감이 있긴 했지만 만물을 통제하는 초월적 절대자에 대한 믿음을 멀리한 제임스는 그 독특한 신비주의에 빠져들었다. 1880년대에 제임스가 아산화질소 실험으로 얻은 '여행' 경험은 의식에 관한 그의 사상에 중대한 영향을 미쳤다. 그는 벤저민 블러드를 읽음으로써 자신의 사유를 위한 '디딤돌'을 많이 얻었다. 제임스의 단어 선택은 신중하다. 그는 냇물을 건널 때 징검돌에 의지하듯, 의식의 흐름을 탐사할 때 의지할 '디딤돌'을 얻었다.

환각제를 이용하여 의식의 흐름을 탐험하는 것은 나쁜 발상이라고 느끼는 독자가 있다면, 나는 그 우려를 충분히 이해할 수 있다. 냉철하기로 유명한 마이클 폴란Michael Pollan이 2018년에 출판한 저서 《당신의 정신을 변화시키는 방법How to Change Your Mind》(2021년에 '마음을 바꾸는 방법'이라는 제목으로 국내 번역서가 나왔다—옮긴이)에서 똑같은 '여행'의 경험을 보고했다는 것을 근거로, 모든 사람이 그를 따라 하게 되리라고 결론 내릴 수는 없다. 고맙게도 나처럼 비교적 소심한 독자들을 위해서는, 의식의 흐름을 더 잘 감지하고 평소의 틀에서 벗어나 약간의 해방감을 느끼고 경험의 고정성 대신에 유동성을 경험하기 위한 수단으로 웃음기체 외에 다른 것들도 있다.

때로는 그저 경험의 경계와 균열을 주목하는 것만으로도 '의식을 차릴' 수 있다. 초월적 순간은—당신이 그 순간을 아름답다고 부르건, 숭고하다거나 정말로 신성하다고 부르건 간에—개인적인 혼란의 한복판이나 그 직후에 찾아올 수 있다. 마치 무언가를 마구 흔들었을 때처럼, 그 순간 우리는 눈에서 비늘이 떨어지고 주위를 마치 처음 보는 것처럼 목격하게 된다. 솔직히 내가 짐작하기에, 비극과 혼란은 우리의 습관적인 지각의 틀과 전형적인 도구적 세계 해석을 충분히 교란하여 훗날 제임스가 '순수한 경험'이라고 부른 것을 일으키는 뜻밖의 결과를 가져온다. 때로는 일시적이지만 유의미한 통찰이 공교롭게도 우리가 쓰러졌을 때 발생한다. 레너드 코언(캐나다 출신의 싱어송라이터 ─ 옮긴이)은 이렇게 썼다. "모든 것에 균열이 있으며, 거기로 빛이 들어온다." 빛은 당신이 전혀 예상하지 못한 곳으로 들어온다.

나의 할아버지가 마침내 돌아가셨을 때, 몇 명 안 되는 우리 가족은 펜실베이니아주 엑서터에 있는 어느 언덕 위의 묘지에 모였다. 8월이어서 습하고 불쾌지수가 높았다. 우리는 20분 가까이 말없이 앉아 '경의를 표했다.' 그때 돌아오는 길에 네 살이던 베카가 차 안에서 잠들어 내가 안고 있었다. 그 아이의 따스한 살이 내 살을 부드럽게 눌렀다. 나는 눈물을 흘렸지만, 할아버지를 잃은 것이 서러워서 그랬던 것은 아니다. 할아버지는 알츠하이머병에 걸려 마지막 5년여를 완전히 괴물이 된 채로 보냈다. 지금도 나는 그 눈물의 의미를 모르지만, 아무튼 그것은 내 몸 위에 얹힌 작은 몸과 관련이 있었다. 한때 낯설었지만, 어느새 우리의 지속적인 동반자가 된 몸. 이 몸 또한 지나갈 터였다. 나뭇가지가 바람에 살랑거렸고, 눈물이 내 코에서 베카의 머리카락으로 떨어졌다. 어머니는 내 옆에 어깨를 맞대고 앉아 있었다. 오후의 햇볕은 따뜻하고 노랗고 초록색인 향기를 풍기다가 시원한 파란색으로 바뀌어 내 눈과 얼굴에 드리웠다. "괜찮니? 혹시 정신을 잃을 것 같니?" 어머니가 물었다. 나는 말 없이 고개를 가로젓기만 했고 잠시 후에 내가 '의식을 차리는' 것 같다고 설명했다.

할아버지가 돌아가신 이듬해에 나는 칼 오베 크네우스고르Karl

Ove Knausgård(노르웨이 소설가—옮긴이)의 책《봄Spring》을 읽었다. 잔혹할 정도로 아름다운 그 책에서 비극은 때때로 의식의 전환이라고 할 만한 것을 유발한다. 지루하게 오래 끄는 겨울에 크네우스고르의 아내는 수면제를 과다 복용하고, 그는 그녀의 목숨을 간신히(또한 무턱대고) 구한다. 그러나 그 겨울이 지난 다음의 상황을 그는 이렇게 묘사한다.

> 어떤 봄날엔 마치 이곳의 풍경이 모든 방향으로 열린 듯하다. 온갖 초록색이 본격적으로 펼쳐지기 전의 몇 주, 여전히 겨울이기라도 한 것처럼 나무들은 아직 벌거벗었고 땅은 황량할 때, 도리어 태양은 여름처럼 풍성하게 빛나고 햇빛은 어떤 장애물에도 부딪히지 않는다. 햇빛은 옥수수밭이나 풀밭에, 나무꼭대기나 그 밖의 성장하는 것에 속박되지 않는다. 성장하는 것들은 나타나자마자 곧바로 자기 주위를 작은 주머니로 만들고 어엿한 장소가 될 것이다. 그런 봄날엔 여기 풍경은 장소가 없는 듯하고, 햇빛이 관통하는, 하늘 아래 공기의 부피는 엄청나다.[22]

이런 기적적인 날들은 대개 일이나 자식이나 우정이나 결혼처럼 외견상 더 절박한 다른 일에 우리의 주의와 의지가 쏠리지 않을 때, 우리가 알아채지 못하는 사이에 찾아온다. 오로지 절박한 활동을 갑자기 멈출 때만 우리는 늘 있었던 무언가를 발견한다.

하늘 아래 공기의 엄청난 부피, 또는 어떤 장애물에도 부딪히지 않는 햇빛을. 이 개방성은 균열에 의해 발생할 수도 있지만, 그렇다고 문제 될 것은 없다. 아무튼 그것은 개방성이며, 제임스가 보기에, 유의미한 삶의 추구에서 우리가 발휘하는 자유의지 못지않게 중요하다. 《심리학의 원리》에서 제임스가 명확히 서술하려 애쓰는 '의식 차리기의 시작'과 크네우스고르의 묘사는 놀라울 만큼 유사하다. 제임스에 따르면, 의식 차리기가 시작될 때 "당사자는 문득 막연하고 끝없고 무한한 느낌을, **무릇 존재**에 대한 느낌을 갖는다."[23]

'무릇 존재에 대한 느낌'은 '움켜쥐어지거나'(혹은 똑같은 말이지만 파악되거나) '면밀히 검사되거나'(곧 분류되거나) '획득되지' 않는다. 그 느낌은 우리의 전형적인 이해 수단들을 좌절시킨다. 그러나 그 느낌의 의미와 실재성을 증언하는 책들이 있다. 20세기 미국 문화에서는 한 권의 책이 두드러진다. 현대 종교학의 할아버지라고 할 만한 휴스턴 스미스Huston Smith가 "내가 아는 한, 서양에서 (소로의 《월든》을 감안하더라도) 가장 도교적인 책"이라고 부른 그 책은 헨리 벅비Henry Bugbee의 《내면의 아침: 일기 형식의 철학적 탐구Inward Morning: A Philosophical Exploration in Journal Form》다. 제임스와 소로에게서 영감을 얻은 벅비는 결코 평범한 철학자가 아니었다. 그는 프린스턴 대학교에서 박사 학위를 받고 1950년대에 하버드 대학교에서 교수로 재직했지만, 그에게는 그런 생활이 맞지 않았다. 벅비는 엄밀한 분석보다는 경험에 관심이 있었다. 만약에 그가 제임스처럼 19세기 후반에 글을 쓰고 하버드 대학교에서 가르쳤다면 철학과와 철학 분야를 선도할 수도 있었겠지만, 그는 어쩔 수 없이 아이비리그를 떠나 지적 오지라고 할 만한 몬태나 대학교에 자리를 잡았다.

'깨어 있음'을 묘사하는 소로의 표현에서 제목을 따온 《내면의 아침》은 매우 개인적인 철학적 성찰을 담고 있다. 일기 형식을 띤 그 책은 젊은이의 몰입 경험이 어떻게 철학적 삶의 토대가 될 수 있는지 보여준다. 《심리학의 원리》에 담긴, 의식의 흐름에 관한 제임스의 연구는 경험의 역동적 범위를 제시하고 우리에게 경험에 뛰어들라고 권한다. 벅비는 독자에게 경험의 물속으로 빠져드는 것이 어떤 기분인지 알려준다. 예비학교prep school(미국에서 대학 진학을 준비하는 고등학교—옮긴이)에 다니던 시절, 겨울이 서서히 물러날 때면 학교 뒤쪽 습지의 얼음도 서서히 녹았다고 벅비는 설명한다. 바야흐로 '빠지러' 갈 때였다. 그는 이렇게 쓴다.

> 습지에서 돌아다니면 때때로 얼음장이 나타난다. 우리가 올라서면 깨질 듯한 미심쩍은 얼음.…풀이 무성한 둔덕은 상당히 단단할 테고, 우리는 언제든지 물에 젖지 않기로 마음먹고 행동할 수 있을 것이다.…설령 얼음이 없고 둔덕이 약간 질펀하더라도, 우리가 속절없이 빠져버리는 일은 결코 없을 것이다. 그러나 우리가 아무리 자신 있게 도약하더라도, 도달할 수 있는 거리보다 약간 더 먼 둔덕이 항상 있었다. 혹은 둔덕이 허물

> 어지곤 했다.…습지의 물은 우리가 그저 멀찌감치 떨어져 있지 못하게 만드는 묘한 구석이 있었다.…일단 완전히 빠져버리면, 이렇게 될 수밖에 없었음을 인정하게 되곤 했다. 그리고 우리는 우리 자신을 습지와 물과 모든 것에 내맡기곤 했다. 이 물은 얼마나 깊은 걸까?[24]

제임스의 뒤를 이어 벅비는, 의지가 좌절될 때—당신이 당신 '자신을 습지에 내맡길' 때—그 좌절만으로도 깨어남과 사물들의 여명을 충분히 알아챌 수 있음을 이해했다. 이 경험이 '그리 유쾌하지는' 않았다고 벅비는 인정한다. 그것은 넷플릭스를 시청하거나 아이폰을 가지고 노는 것과 전혀 달랐다. 그러나 "틀림없이 늪 속에 잠기는 것에는 기쁨이 있었고 거기에는 황야가 내재하고 있었다"[25]라고 벅비는 주장한다.

물과 빛이 들어오기 위해, 제임스가 말하는 '내적 의미를 보는 더 높은 시각'을 얻기 위해, 우리의 삶이 꼭 깨지거나 부서져야 하는 것은 아니다. 그러나 헨리 제임스 시니어가 지적했듯이, 삶을 새롭게 보려는 욕망은 흔히 낙담이나 위기에 의해 고조된다. 깊은 물속에는 기쁨이 있다. 바닥이나 표면을 향해 최대한 손을 뻗지 않을 도리가 없다. 어둠도 나름의 장점이 있다. 어둠은 우리가 정말로 우리 자신의 눈을 사용하도록 강제할 수 있다.

몇 달 간격으로 아버지와 아들을 잃고 난 1885년, 윌리엄 제임스의 대응은 뉴햄프셔주 화이트산맥의 작은 마을 처코러의 널따

란 토지를 매입하고 거기에 칩거하는 것이었다. 그곳에 지은 제임스의 집은 지금 봐도 아름답지만(외벽이 나무판이며, 박공이 있고, 삼나무 목재 지붕을 얹었다) 그 집의 소유주는 주변의 숲에서 거의 모든 시간을 보냈다. 때로는 말 그대로 숲속에서 지냈다. 그 집은 평평한 풀밭 한가운데에 있었다. 제임스는 집이 언덕 위에 있기를, 높이 솟은 집의 외관과 높은 곳에서 보는 전망을 바랐다. 그리하여 그는 지반을 높이려고 몇 톤에 달하는 흙을 옮겨 왔다. 그러나 처코러의 환경을 지금 되살릴 수는 없다. 우리는 단지 제임스를 둘러쌌던 환경을 추측할 수 있기를 바랄 뿐이다. 처코러 산의 뾰족한 봉우리는 고도가 1100미터나 된다. 산 아래 호수는 몇 킬로미터 거리까지 길게 뻗어 있다. 봉우리와 호수 사이에는 높이와 깊이를 잇는 냇물이 있다. 그곳은 존재의 신비가 의식의 경계를 확장할 수 있는 장소, 개척되지 않고 길들여지지 않은 장소였다. 그런 조건에서라면 의식이 성장할 수 있다.

제임스는 처코러로의 여행에 대해 이렇게 썼다. "내가 가장 **갈망하는** 것은 야생의 미국 시골이다. 이것은 유기적 느낌을 향한 기묘한 욕구다."[26] 이 욕구는 정확히 무엇일까? 그것은 말하자면 열린 공간을 좋아하는 성향이라고 제임스는 주장한다. 아직 실현되지 않은 가능성을 향한 충동. 에머슨의 뒤를 이어 찰스 샌더스 퍼스는 "우리의 유일한 선생은 경험이다"라고 쓴 바 있다. 에머슨을 인용하자면 "삶은 놀라움의 연속이다."[27] 화이트산맥의 오지와 같은 황야에 머무르는 경험은 우리를 **당황스럽게** 할 수 있다.

그러나 어쩌면 그 철저한 당황스러움이 우리를 경험의 학생으로서 더 유능하게 만들고 매우 희미한 놀라움마저 감지할 수 있게 만들 것이다.[28] 경험은 정적이지 않다. 경험은 결코 단조롭지 않으며, 단색이 아니며, 단일한 가치를 지니지 않았고, 단일한 덩어리도 아니다. 경험이 그렇게 느껴지는 것은, 경험의 경계에서 또 흐름 속에서 무슨 일이 벌어지는지 우리가 알아채지 못할 때뿐이다. 처코러에 지은 집에는 "문이 열네 개 있는데, 모두 바깥을 향해 열려 있다"라고 제임스는 썼다. "바깥을 향하여!" 바로 이 문구가 제임스가 수행한 의식 연구의 방향을 알려준다.

《심리학의 원리》에서 제임스는 이렇게 주장한다. "대체로 경험 자체가 성장하면서 경계를 확장할 수 있다. 한 순간의 경험이 다음 순간으로 이행하며 확산되는 것을 부인할 수는 없다고 나는 주장한다. 그 이행이 연결의 방식으로든 분리의 방식으로든 경험의 조직tissue을 연속시킨다."[29] 변방의 전원 처코러에서 시간을 보낸 제임스는 의식의 경계가 확장되는 것이 "농부가 불태우는 메마른 가을 들판에서 가느다란 불꽃의 선이 전진하는 것과 비슷하다"[30]라고 쓴다. 불꽃은 움직이는 이행 지점, 과거와 미래, 죽음과 부활이 잠시 만나는 접경이다. 거기가 삶이 일어나는 현재 순간이다. 그리고 우리는 그 순간을 등한시하는 통에 아주 큰 위험에 빠진다.

이 모든 것이 옳은 말이라 하더라도, 돈과 권력과 명성의 세계에서 현재 순간의 가치는 미미하다. 현재 순간은 상품화되거나 포장되거나 스크린에 보여줄 수 없다. 어딘가에 안전하게 놔두거나 만일을 대비해 남겨둘 수 없다. 이행하는 의식의 순간들은 더도 덜도 아니라 그 이행이 우리를 흐름 속으로 빨아들이고 그 이행을 제약하려는 모든 시도를 좌절시키는 만큼만 소중하다고 제임스는 주장한다. 그 순간들은 무엇보다 **덧없기에** 소중하다. 이렇게 의식을 연구하면서, 아버지와 자식을 잃으면서, 숲을 탐험하면서 제임스는 일찍이 에머슨이 중대한 에세이 〈경험〉에서 서술한 주장, 곧 "우리가 아주 세게 움켜쥐려 할 때 대상을 우리 손에서 빠져나가게 만드는 모든 대상의 덧없음과 미끄러움"[31]을 발견했다. 그러므로 때로는 아예 움켜쥐지 말고 가까이 다가서고, '그것 안에 들고', 목격하는 것이 최선이다. 제임스가 소장했던 《심리학의 원리》를 보면, 의식의 흐름의 미끄러움을 다루는 대목의 가장자리 여백에 단 하나의 문구가 휘갈긴 글씨로 적혀 있다. "목격자The Witness."[32] 목격자는 사건의 결말을 판정하고자 하는 고집스러운 감독자가 아니다. 또 그저 근처에 서서 바라보는 구경꾼도 아니다. 목격자는 초연하지만 몰두하며, 목적 없는 목적에 종사한다. 그 목적은 자신이 보는 사건의 전개를 꼼꼼히 증언한다.

의식의 흐름에 관한 진술은 선문답과 비슷한 면이 있으며, 나는 이를 어느 정도 알기에 여기에서 의식의 흐름을 완전히 정리해서 설명하려 애쓸 생각은 없다. 나는 의식의 흐름을 학생들에게 설명하기 위해 지난 몇십 년 동안 몸부림쳤다. 때때로 나는 포기하고 단지 내가 했거나 겪은 경험을 언급한다. 그러나 대체로 나는 "〔완벽하게 정확히〕 말할 수 없는 것에 대해서는 침묵해야 한다"라는 비트겐슈타인의 말에 동의하지 않는다. 그러므로 나는 계속 몸부림칠 것이다. 성공은 다양한 수준에서 이루어진다. 부분적으로 실패한 시도들이 가치 있기를, 심지어 생사가 걸린 가치가 있기를 나는 바란다. 의식의 흐름은 제임스의 철학적 업적 중에서 가장 큰 업적이라고 할 수 있다. 그러나 오늘날의 철학자들이 흔히 거론하는 근거들 때문에 그러한 것은 아니다. 후기 저술에서 제임스는, 의식의 흐름 속에 잠기고 그 흐름의 신비에 순응하는 활동이 삶을 보강하고 때로는 구원할 수 있음을 끊임없이 시사했다. 때로는 단지 세상이 어떻게 돌아가고 움직이는지 목격하겠다는 생각이 살아 있을 이유로 충분할 수도 있다.

물론 의식의 흐름 안에서 안정적인 생각들, 즉 우리가 살면서 의지하는 진리들이 발생할 수 없다는 뜻은 결코 아니다. 그러나 '파악하기', 곧 지각의 흐름 속에서 분절적인 생각들을 품는 것은 대개 일종의 되돌아보기를 통해 이루어진다고 제임스는 주장한다. 당사자는 의식 안에서 자신이 떠 있던 곳, 혹은 수영하던 곳, 혹은 빠져 있던 곳을 되돌아보면서 그 순환적인 (거기에서 여기로 흘러와 거기를 되돌아보기) 여행을 이해하려 애쓴다. 그 여행의 유일무이성은 서술 과정에서 절충된다. 하지만 세계에 대한 우리의 개념들, 우리의 생각 습관들의 도움으로 우리가 그 유일무이성의 난관을 넘어가고 통제하는 것을 기대할 수 있다. 위험은 그 서술이 경험을 대신함으로써, 제임스가 삶이 일어나는 장소라고 지목한 이행하는 순간들을 가릴 때 발생한다. 설령 그것이 너무나 아름답고 소중한 이야기라 할지라도.

5장

진리와 귀결들

우리는 오늘 우리가 얻을 수 있는 진리에 따라 살아야 하고,
내일 그 진리를 거짓이라고 부를 준비가 되어 있어야 한다.
— 윌리엄 제임스, 〈진리의 개념〉, 1907

모든 생각은, 우선, 사후事後의 생각이다. 생각은 사실 다음에 발생한다. 이와 유사하게 공식적인 철학 학파도 나중에 되돌아볼 때 형성된다. 학파는 지식인 공동체에서 등장하고 퇴장한 것을 서술하는 한 방식으로서 발생하며, 때로는 그 발생에 아주 오랜 시간이 걸린다. 오늘날 철학계에서 윌리엄 제임스는 유일한 미국 특유의 철학 학파라고 할 수 있는 프래그머티즘의 창시자로 유명하다. 이 책에서 나는 이 구체적인 명성의 근거에 대하여 침묵해왔다. 고의적 침묵이었다. 우리의 이야기에서 프래그머티즘을 앞세웠다면 (이것은 우리 할아버지가 즐겨 쓴 표현인데) '모든 것이 거꾸로 뒤집혔을' 것이다. 제임스가 처음부터 프래그머티즘을 하나

의 철학적 전통으로서 기획했던 것은 아니다. 오히려 그는 느리고 신중하게 때로는 어둠 속을 더듬으며 성년기의 초반을 헤쳐나갔다. 그러나 그의 암중모색조차도 대단히 유의미하며, 내가 보기에 삶을 구원하거나 영혼의 병을 조금이나마 치유할 수 있는 약이다. 구체적으로, 결정론에 맞선 그의 싸움, 자유의지 탐색, 행위와 습관 형성의 강조, 의식의 흐름에 대한 세심한 연구가 그러하다. 이것들은 제임스가 무사히 중년에 이르도록 도운 다양한 의미의 벡터들이다. 그 과정에서 프래그머티즘이 발생한 것은 맞다. 그러나 프래그머티즘은 그 모습을 점진적으로 드러냈기 때문에, 실제로 20세기 초에 제임스는 프래그머티즘이 형성되자 깜짝 놀랐다. 당시에 이미 제임스는 과학적 사실을 존중하면서도 그 이상의 무언가를 향하는 욕망을 조합하려 애쓰는 세계관에 따라 살고 있었다. 이 세계관을 가리키는 대중적 명칭인 '프래그머티즘pragmatism'은 대체로 사후의 생각이었다. 1910년에 제임스가 사망했을 때, 그의 친구이자 이웃이자 동료인 조사이아 로이스는 이렇게 말했다. "제임스는 자신이 특별히 미국을 대표하는 철학자라는 의식이 거의 없었다고 나는 확신한다. 확실히 그는 자신을 그런 인물로 내세우려는 야심이 없었다."[1]

또 다른 이유에서도 우리는 제임스의 저술을 해석할 때 프래그머티즘을 광신적으로 중시하지 말아야 한다. 요새 프래그머티즘은 대개 특정한 인식론적 입장으로, 바꿔 말해 진리와 믿음의 본성에 관한 특수한 이론으로 간주된다. 그리고 이 견해는 옳다. 그러나 사람들은 프래그머티즘이 진리와 인간적 의미 사이의 관계에 대한 실존적·규범적 입장이기도 하다는 점을 흔히 간과한다. 제임스는 학자로서 지낸 평생 동안 프래그머티즘의 좌우명을 여러 형태로 제시했지만, 그 모든 좌우명의 핵심은 '생각의 진리성은 생각의 작용력이다'라는 주장이다.[2] 그는 진리의 실천적 기능을 강조하는 이 명제가 여러 질문을 유발한다는 것을 깨달았다. 진리가 어떻게 작용할까? 진리가 왜 작용할까? 진리가 누구를 위해, 얼마나 오랫동안 작용할까? 그리고 이 작용의 의미와 가치는 무엇일까? 진리에 관한 프래그머티즘적 이론을 받아들이는 것은 앎에 관한 이론을 세우려는 형식에 사로잡힌 인식론자를 넘어서는 일, 그것도 훌쩍 넘어서는 무엇이 되기로 결심하는 일이기도 하다.

우리는 제임스가 추구하는 바가 무엇인지 상기해야 한다. 그것은 실제로 사람들이 일상에서 갈망하는 바다. 제임스는 이렇게 짐작한다. "**당신이** 원하는 것은⋯사실에 대한 과학적 충실성과 기꺼이 사실을 감안하겠다는 태도, 간단히 말해 적응과 수용의 정신을 갖추었지만, 인간적 가치들과 거기에서 나오는—종교적 유형이건, 낭만적 유형이건 간에—자발성에 대한 오랜 신뢰까지 **겸비한** 체계다."[3] 프래그머티즘의 진리 이론은 경험적 사실의 힘을 언제나 존중하라고 요구하지만, 그와 동시에 모든 사실은 귀결들consequences로 이어지거나 귀결들을 시사하며, 그것들의 의미는 과학자의 실험실에서 남김없이 평가될 수 없음을 알라고 요구한다. 우리는 진리의 귀결들에 작용력을 제공하는 영속적인 (도덕적·미학적) 효용을 두루 고려해야 한다. 그러므로 제임스풍의 프래그머티스트가 되는 것은 삶의 상대적이거나 절대적인 가치를 공부하는 학생이 되는 것을 뜻하며, 이는 '철학을 공부하는 학생'이 되는 것과 똑같지 않다. 직업 철학자로서 나는 이를 상기하는 데 어려움을 겪을 때가 많다. 제임스는 아주 여러 번 반복해서 이렇게 말했다. "철학은 언어 안에서 살지만, 진리와 사실은 언어적 표현을 넘어서는 방식으로 우리의 삶 안으로 솟구친다."[4] 철학의 거창한 망상을 줄이려는 뜻이 담긴 이 문장은 제임스 사상의 핵심에 놓여 있다. 그의 프래그머티즘을 해석할 땐 이 틀을 벗어나지 말아야 한다. 얇지만 놀랄 만큼 밀도 높으며 프래그머티즘의 다양한 버전을 언급하는 책 《프래그머티즘Pragmatism》(1908년 출간)의 첫머리에서 제임스는 철학을 삶의 현실로부터 떼어놓는 것이 얼마나 쉽고 또 얼마나 해로운지 이야기하며 독자에게 경각심을 불러일으킨다. 그는 '서부의 칼리지'를 나온 최근의 학생(어쩌면 윌리엄 어니스트 호킹William Ernest Hocking이나 조사이아 로이스일 수도 있다)을 언급하면서 그의 졸업 논문이 이 잠재적 문제를 극적으로 부각한다고 말한다.

> 〔그 학생은〕 다음과 같은 말로 운을 뗐다. 철학 강의실에 들어설 때면 방금 길거리에서 뒤로한 우주와 완전히 다른 우주와 관계를 터야 한다는 것을 그 학생은 항상 당연시해 왔다. 그 학생에

따르면, 그 두 우주는 서로 거의 관련이 없어서 동시에 그 둘에 관심을 기울이기는 불가능하다고 생각했다. 길거리가 속한 구체적이고 개인적인 경험의 세계는 상상 이상으로 다원적이고 뒤얽혀 있으며 진흙탕이고 고통스럽고 당혹스럽다. 당신의 철학 교수가 소개하는 세계는 단순하고 깨끗하고 품위 있다. 그 세계에는 실제 삶의 모순들이 없다. 그 세계의 구조는 고전적이다. 이성의 원리들이 그 세계의 윤곽선을 긋고, 논리적 필연들이 그 세계의 부분들을 접합한다. 그 세계는 말하자면 언덕 위의 찬란한 대리석 신전이다.

사실을 말하자면, 그 세계는 이 현실 세계에 대한 설명이라기보다 현실 세계 위에 명백히 추가로 지은 건물에 훨씬 더 가깝다. 한마디로 벌거벗은 사실들이 내놓는 견딜 수 없이 혼란스럽고 기괴한 특징들로부터 도피하여 합리주의적 환상이 위안을 얻을 수 있는 고전적 성역에 훨씬 더 가깝다. 그 세계는 우리의 구체적인 세계에 대한 **설명**이 아니라 완전히 다른 것, 구체적인 세계의 대체물, 해결책, 탈출로다.[5]

프래그머티즘은 탈출 방안이 아니다. 윌리엄 제임스의 철학이 삶을 구원할 수도 있다는 나의 주장은 제임스가 당신을 삶으로부터 건져낼 것이라는 뜻이 아니다. 나의 경험에 비춰볼 때, 순조로운 날에 제임스의 철학은 당신을 생기 있고 의연한 상태로 되돌릴 수 있다. '삶을 두려워하지 말라'라고 제임스는 일깨운다. 프래그머티즘은 낮은 곳의 인간적 경험을 포기해야만 도달할 수 있는 언덕 위의 대리석 신전이 아니다. 프래그머티즘은 건물이라고 할 만하지만, 우리는 이미 이 건물 안에 있다. 때때로 제임스는 프래그머티즘을 다양한 문으로 이어진 통로라고 칭했다. 이 문들은 잠겨 있지 않다. 그러나 당신은 어느 문을 열지 선택해야 한다. 프래그머티즘은 방법이지, 목적지가 아니다. 길이지, 종착점이 아니다. 나는 프래그머티즘을 처코러의 제임스 집과 그리 다르지 않은 집이라고 생각하기를 좋아한다. 문과 창문이 많은 집 말이다. 창문들은 구체적이면서도 광범위한 전망을 제공한다. 문을 열면 여러 갈래 오솔길이 나오는데, 그 길들이 어디로 이어지는지는 아무도 모른다. 프래그머티즘이라는 집은 대리석으로 지은 숭배의 장소가 아니라 거주하면서 세계와 만나는 장소다. 때때로 프래그머티즘의 요점은 프래그머티즘을 초월하는 것일 수도 있다.

철학적으로 말하면, 제임스는 아주 어려운 일, 어쩌면 불가능한 일을 해내려고 애썼다. 적어도 한 사람이 그 일을 해내는 것은 어쩌면 불가능했다. 그는 뒤틀리고 흔히 모순적인 삶의 사실들에 철저히 충실할 뿐 아니라 그 사실들을 초월하겠다는 우리 다수의 욕망에도 철저히 충실한 철학을 만들어내고자 했다. 제임스 자신의 표현을 인용하면, 그는 '냉엄한 정신을 소유한' 과학자와 '다정한 정신을 소유한' 이상주의자 사이에 자리 잡고 양쪽의 장점을 보존하는 사고방식을 제시하고자 했다.

영국 경험주의자 데이비드 흄처럼 냉엄한 정신을 소유한 사상가는 인간이 앎을 성취할 전망에 대해서 집요하고 급진적인 의심을 품는다. 냉엄한 정신은 말한다. "당신은 진리를 원하나요? 그렇다면 뭐, 행운을 빌어드리긴 하겠는데, 당신은 영영 털끝만큼의 확실성도 성취하지 못할 거예요. 경험적 증거는 항상 변화하고, 따라서 항상 당신의 생각을 반박할 겁니다." 제임스가 보기에 이런 주장은 너무나 냉엄했다. 반면에 고트프리트 라이프니츠처럼 체계를 추구하는 사상가들이 전형적으로 보여주듯이, 다정한 정신을 소유한 철학자는 어떤 초인간적인 힘이나 우주적 체계가 진리를 확고히 하고 그것을 보증한다고 주장한다. 그런 철학자는 이렇게 응수한다. "당신은 진리를 원하나요? 그렇다면 당신은 운이 좋군요. 벌써 신이 당신을 위해 진리를 알아냈습니다. 당장 탐구를 시작하세요." 제임스가 보기에 이런 태도는 냉엄한 수준에는 턱없이 못 미쳤다.

프래그머티즘의 진리 이론은 특정 유형의 진리에 도달할 전망과 관련해서는 절대적 회의주의를 받아들이지 않지만, 그 진리는 일부 사람들이 호언장담하는 절대적 진리처럼 "단순하고 깨끗하고 품위 있지" 않다. 프래그머티즘의 내재적 지저분함은 제임스의 사상이 지닌 결함이 아니라 오히려 방금 언급한 양극단의 인식론적 입장들을 매개하려는 제임스의 욕망이 빚어낸 결과다. 프래그머티즘은 끝내 뒤얽혔고, 진흙탕이며, 고통스럽고, 당혹스럽다. 왜냐하면 삶 자체가 뒤얽혔고, 진흙탕이며, 고통스럽고, 당혹스럽기 때문이다. 그러나 프래그머티즘은 또한 희망차다. 왜냐하면 삶이 쉽사리 희망을 허락하기 때문이다. 프래그머티즘은, 바위처럼 희망도 없고 이성도 없는 물체도 아니고, 전지적이며 탁월한 신도 아닌 우리 같은 인간을 위한 철학이다. 우리의 처지를 실제보다 더 좋거나 나쁜 것처럼 가장하지 말자. 우리는 독특하게 어정쩡한 (아메바와 천사 사이 어디쯤에 위치한) 존재로 태어났지만 잘 살아낼 가망이 있다. 제임스의 입장은 이 '중간-세계mid-world가 최선의 세계'라는 '경험'을 강조하는 에머슨을 연상시킨다.[6] 우리가 아메바나 천사라면, 할 일이 가련할 정도로 적을 테고, 확실히 성공 따위는 없을 것이다.

어쩌면 당신은 이런 '길 위의 철학'이 약간 불만스러울 것이다. 우리 다수는 철학자에게 더 많은 것을 원한다. 우리는 철학자가 인간 이상이기를, 우리의 삶을 궁극적으로 이해하고 우리 모두에게 답을 주고 우리를 절대 안전하게 지켜주기를 바란다. 한때 나의 친구였던 어느 여성은 갑자기 복음주의 기독교(이것도 일종의 철학이며 매우 수긍할 만한 매력을 지녔다)로 개종한 후 비극이나 혼란에 맞닥뜨리면 이렇게 말하곤 했다. "이것은 이치에 맞아. 정말 그래. 모든 것이 이치에 맞아. 단지 당신이나 내가 느끼기에만 그렇지 않은 거야." 그녀는 모종의 신적인 힘이 우리의 삶을 이미 정리해 놓았다는 믿음을 피력했던 것이다. 설령 우리 자신은 완전히 난파했다고 느끼더라도 말이다. 그러나 그 믿음은 나를 조금도 위로하지 못했다. 그녀의 시각은 다름 아니라 제임스가 거의 일생을 바쳐 거부한 결정론, 당사자 자신의 생각과 견해와 행위가 정말로 중요한 세계에서 살고자 하는 욕망에 정면으로 반하는 시각이었다. 종교에 귀의한 나의 친구는 신앙 안에서 확실성을 얻었지만, 그 대가로 무엇을 포기했을까? 제임스의 추측에 따르면, 완전히 깔끔하고 논리적으로 일관되며 신적인 질서가 지배하는 우주 모형을 창조하려는 '합리주의적' 욕구는 오로지 실재와의 접촉을 잃는 것을 마다하지 않을 때만 충족될 수 있다.

제임스는 실재와 동떨어지기를 거부했다. 그는 시종일관 실험에 전념했으며, 퍼스와 마찬가지로, 오늘날 대다수 사람들이 근대 과학의 방법으로 여기는 가설 세우기, 예측하기, 경험적으로 검증하기를 프래그머티즘의 방법론과 동일시했다. 사실들은 저 바깥에 존재하면서 우리에게 발견되기를 기다릴지 몰라도, 진리는 사실들에 **관한** 우리의 이야기다. 진리는 붙잡아서 영원히 소유하는 사냥감처럼 '저 바깥에' 존재하지 않는다. 심지어 진리는 실재의 속성도 아니다. 진리는 객관적으로 확인하고 완벽하게 복제할 수 있는 무엇이 아니다. 진리는 **우리가 품은 생각**의 속성이다. 제임스의 가장 가까운 제자 중 한 명인 랠프 바턴 페리의 말마따나, 진리는 "어떤 생각을 하게 된 목적에 비추어 유용함이 판명되는 만큼 그 생각에 부가된다."[7] 제임스를 인용하면 "진리는 생각에서 일어난다Truth happens to an idea. 생각은 진리가 된다. 생각은 사건들에 의해 진리로 만들어진다. 생각의 진리성은 실은 사건이며 과정이다. 무슨 과정이냐면, 생각이 자신을 입증하는 과정, 생각의 입증 과정이다. 생각의 타당성은 생각의 입증 과정이다."[8]

사실과 사실에 대한 우리의 이해가 완벽하게 일치하기를 기대한다면, 그것은 무모하거나 오만한 기대일 것이다. 오늘 우리가 살면서 따르는 진리들은, 바라건대 모종의 방식으로 실재와 대응하지만, 그 대응이 일대일대응인 경우는 드물다. 바꿔 말해, 진리에서 관건은 실재를 완벽하게 복제하기reproduction가 아니라 대표하기representation, 언급하기account다. 생각은 감각 세계의 사실을 리메이크remake하는 경우가 거의 없다. 생각은 추상이다. 혹은 다양한 방식으로 세계와 연결된 기호다. 지도는 풍경을 도식화하고 여행자의 길 찾기에 도움이 될 만한 지리적 사실들을 닮은꼴로만 보여준다. 교통 표지는 지나갔거나, 유지되고 있거나, 앞으로 다가올 사실적 상황을 알려준다. 회화 작품은 순간적 느낌이라는 사실에서 유래하며 또한 그 사실을 이끌어낸다. 시는 풍경의 특정 측면을, 우리의 설명하려는 노력을 좌절시키는 사실을 이야기한다. 노래는 삶의 리듬을, 아름다움과 비극의 맞닿음을 반영한다. 비록 방식은 다양할지라도, 이 모든 것이 사실을 대표하기이며 언급하기이다. 이 모든 것이 실천적 의미에서 '성공'일 수 있으며, 어떻게 작용하느냐에 따라 이 모든 것이 진리일 수 있다.

2년 전, 프래그머티즘을 다룬 강의의 마지막 시간에 내가 가르친 학생 중에 매우 뛰어난 학생이 손을 들었다. "그러니까 나의 생각들이 유용하다고 나 스스로 판단하면, 그 이유만으로 그것들은 모두 진리라는 말씀이세요? 내가 보기에 그 생각들이 **지금** 잘 작동한다는 이유만으로요? 그렇다면 프래그머티즘은 상대주의에 불과하네요, 그렇지 않나요?" 그 학생은 근심스러운 표정으로 나를 바라보았다. 이것은 제임스에게 커다란 근심을 안겨준 난제로, 쉽게 대답할 수 있는 질문이 아니었다. 나는 잠시 침묵하다가 아주 조심스럽게 운을 떼었다. "정확히 옳은 지적은 아니에요. 생각의 실천적 귀결들에 기초해서 생각을 판정해야 한다는 얘기는, 특정한 시기에 특정한 개인에게 유용한 생각이라면 무엇이든 반드시 진리라는 얘기와는 다릅니다. 지금 논의되는 상황은 '믿으려는 의지'가 작동하는 상황과 달라요. 후자에서는 사실의 지원을 받지 않아도 당신이 진리를 일으킬 수 있습니다. 반면에 여기에서는 사실이 중요합니다." 학생은 떨떠름하게 고개를 끄덕였다. 상대를 속여 조종하기 위한 진술, 은밀한 배신, 전혀 티가 안 나는 거짓말, 허위 이데올로기, 이 모든 것은 뚜렷이 기만적임에도 (특정 시기, 특정 집단에서) 대단히 유용하고 유쾌하게 작동하는 것을 목표로 삼는다. 제임스는 이를 알았다. 단순히 편리하다고 무엇이든지 진리인 것은 아니다.

그러나 그 학생은 적절한 질문을 제기한 셈이었다. 제임스는 자신의 입장을 상대주의와 차별화하기 위해 거듭해서 대단한 노력을 기울였다. 고대인이라면 '궤변'이라고 불렀을 상대주의에 따르면, 진리란 주어진 시기에 개인들이나 공동체의 특정한 이해관계의 함수에 불과하다. 1885년, 제임스는 스스로 훗날 '나의 프래그머티즘의 **원천이자 기원**'[9]으로 지목하는 에세이 〈인지의 기능The Function of Cognition〉을 발표했다. 이 에세이에서 그는 진리에 관한 프래그머티즘적 이론의 핵심 원리를 개략적으로 서술했는데, 이 서술을 나의 학생이 제기한 질문에 대한 대답으로 해석할 수 있다.

제임스는 진리를 생각의 성공과 동일시하는 것으로 에세이의 첫머리를 연다. 그러나 이 성공은 한 시기에, 한 개인에 의해, 단 하나의 실천적 상황에서 결정되지 않는다. 오히려 한 생각이 성공한다는 것은 말 그대로 '앞으로 나아가며' 다양한 사람들이 장기간에 걸쳐 수행하는 여러 가지 검증을 통과한다는 뜻이다. 이런 점에서 제임스가 말하는 진리는 과학의 진리와 유사하다. 특정한 귀납의 성공은 일시적·잠정적 방식으로만 입증된다. **완전한** 성공, 확정적 진리(영어에서 첫 철자를 대문자로 쓴 진리Truth)는 무한히 긴 시간이 지나야만 성취될 것이다. 바꿔 말해 우리는 생전에 그런 유형의 확실성에 도달하리라고 기대하지 말아야 한다. 기껏해야 우리는 첫 철자를 소문자로 쓴 (일상에서 우리를 다소 성공적으로 이끄는) 진리들에 따라 삶을 잘 살아내기를 바랄 수 있을 따름이다. 이 진리들의 확실성은 제한적일 수밖에 없다. 제임스를 인용하면, "우리는 오늘 우리가 얻을 수 있는 진리에 따라 살아야 하고, 내일 그 진리를 거짓이라고 부를 준비가 되어 있어야 한다."[10] 이런 인식론적 겸허함은, 우리 생각의 귀결들을 설명하고 감각적 경험의 세계로 환원할 수 있어야 한다는 제임스의 주장에도 들어 있다.

많은 경우에 우리는 단순히 사실들—우리의 생각을 반박하거나 보강하는 실재들—에 충실함으로써 생각을 반증하고 비교적 정확하게 예측하고 질문에 답하고 합의에 도달할 수 있다고 제임스는 주장했다. 이 실재들을 무시하거나 그것들에 대한 해석을 '가짜 뉴스'로 간주하며 일축하는 것은 프래그머티즘적 방법을 완전히 포기하는 것이다. 오로지 감각들과의 지속적이며 집단적인 대화를 통해서만, 생각을 보존하거나 정화하거나 쓸어내는 의식의 흐름 속 순간들과의 지속적이고 집단적인 대화를 통해서만, 진리가 생각에서 일어날 수 있다. 제임스를 인용하면 "감각들은 정신의 '어머니 대지', 정박지, 안정적인 바위, 최초이자 최후의 경계, **맨 앞의 종점**이자 **맨 뒤의 종점**이다. 우리의 모든 고차원적 사유의 목표는 감각적 **종점들**을 발견하는 것이어야 한다."[11] 그 종점들에서 우리의 생각은 경험에 비추어 검증된다. 우리의 이론이 내놓는 예측은 우리가 감각하거나 느끼는 세계와 일치하는가? 사실에 대한 우리의 표상은 경험과 어긋나는가? 대답은 대개 갑작스럽고 명백하다. 왜냐하면 제임스에 따르면 "감각은 그릇되게 자부한 앎을 파괴하기" 때문이다. 물론 감각이 모든 앎의 주장을 파괴한다는 뜻이 아니라 오직 그릇되게 자부한 앎만 파괴한다는 뜻이다. 파괴의 먼지가 가라앉은 뒤에 남는 것은 삶의 사실들을 다루기에 더 적합한 표상이나 생각이다.

생각의 성공은 실험실에서만 평가되지 않는다. 때로는 세계라는 거대하고 전혀 살균되지 않은 실험실에서 평가가 이루어진다. 나는 오랫동안 공부한 끝에 삼십대에 이르러서야 비로소 경험에 비추어 생각을 검증하는 프래그머티즘의 방법이 생사를 가를 정도로 중요하다는 사실을 제대로 깨달았다. 캐럴과 내가 아기를 낳기로 결정했을 때, 우리는 책벌레 부모가 으레 할 만한 행동을 했다. 아마존에 가서 책을 한 트럭 사다가 모조리 읽었다. 전문가들의 조언에 따라 우리는 자연분만을 믿었고 '최면 출산'을 실행할 계획이었다. 분유는 독이므로, 아기가 두 살이 될 때까지 모유를 먹일 계획이었다. 또 천 기저귀를 사용하고, 가게에서 산 이유식은 독이므로 집에서 만든 유기농 이유식을 먹일 계획이었다. 우리는 아기를 간편한 포대기나 띠로 늘 업거나 안고 있을 계획이었고, 아기에게 혼자 잠들기 훈련을 시키거나 아니면 청소년이 될 때까지 우리와 침대를 공유할 계획이었다. 하지만 또한 우리는 혼자 잠들기 훈련을 시키지 않을 계획이었다. 왜냐하면 그 훈련은 아동 학대와 다를 바 없었기 때문이다. 우리는 아기와 함께 잘 계획이었다. 하지만 또한 그러지 않을 계획이었다. 왜냐하면 함께 자기는 아기를 위험에 빠뜨리는 행위와 다를 바 없었기 때문이다. 우리는 아기에게 집에서 짠 유기농 섬유로 만든 셔츠와 바지를 입힐 계획이었다. 왜냐하면 가게에서 산 의류에는 독이 들어 있기 때문이다. 우리는 걸음마를 배우는 아기가 알몸으로 돌아다니는 것을 최대한 늦은 나이까지 허용할 계획이었다. 긴 독서와 공부 끝에 나는 육아에 대해 꽤 잘 알게 되었다고 생각했다. 나는 준비가 되었다. 그러나 캐럴은 출산 예정일이 2주나 지났는데도 아기를 낳지 않았다. 우리는 내일 분만을 유도하기로 했다. 내일이 되었다. 분만을 유도했다. 내일이 갔다. 그러고 나서도 우리는 이틀을 더, 이젠 병원에서 기다렸다.

마침내 아기가 태어날 때 캐럴에게 피토신(분만 유도제—옮긴이)을 워낙 많이 투여한 상태여서, 베카는 그야말로 '펑' 튀어나왔다. 마치 아주 천천히 부풀린 풍선이 임계점에 도달해 터지는 것과 같았다. 아주 많은 책을 읽었는데도 웬일인지 나는 아기가 산도를 통과하면서 암모니아를 함유한 액체를 삼킬 수 있다는 사실을 깜박했다. 베카에게 미안하다. 그 액체가 역겹다는 것을 나도 안다. 어떤 알 수 없는 이유로 베카는 배가 고프지도 않았고 세상과 첫인사를 나눠서 행복하지도 않았다. 베카는 캐럴의 가슴 위에 '달라붙으려' 하지 않았고, 여러 시간 동안 애쓴 후에야 캐럴은 베카를 나에게 건네고 피로에 지쳐 잠들었다. 나는 악을 쓰며 우는 신생아를 안고 옆방에 가서 앉았다. 마침내 아기가 뱃속의 그 역겨운 액체를 토해냈고, 아버지는 토사물 범벅이 되었다. 하지만 아기는 계속 울어댔다. 이번에는 배가 고파서였다. 나는 간호사에게 분유병을 요청했다. 좋은 의료진이라면 누구나 그렇듯이 그 여성 간호사는 당연히 반대했다. 바로 지금이 베카를 다시 엄마에게 데려갈 때라고 했다. 지금은 젠장 그 빌어먹을 분유병을 줄 때라고 나는 다그쳤다. 그녀는 분유병을 주었고, 베카는 그 후 영영 모유를 먹지 않았다. 단 한 번도. 천 기저귀 사용도 우리 둘 모두에게 불편했다. 완벽하게 동등한 공동 육아도, 완벽한 남녀평등도 잘 이루어지지 않았다. 어떤 것들은 책으로 배울 수 없다.

나의 첫 육아 모험담을 듣는다면 제임스는 아마 전혀 놀라지 않을 것이다. 면밀한 육아 공부를 통해 나는 예상되는 육아의 안정적인 그림을 그려놓았다. 로마인이라면 그 그림을 '고정된stereo-형태tupus'라고 불렀을 것이다. 이 라틴어에서 유래한 영어 'stereotype'는 오늘날 '고정관념'을 뜻한다. 알고 보니 나의 고정관념은 현실에서의 아버지 되기 경험을 수용하거나 내가 그 경험을 잘 겪어내도록 도와줄 수 없었다. 내가 다르게 행동할 수도 있었음을 안다. 나는 경험을 나의 선입견에 강제로 맞추려 애쓸 수도 있었을 것이다. 그러나 어느 순간부터 이런 '강물 밀기'는 명백히 부질없어졌다. 나는 책을 더 많이 읽거나 곧 맞이할 상황을 더 엄밀하게 숙고할 수도 있었을 것이다. 그러나 제임스라면 나를 이렇게 일깨웠을지 모르겠다. 아마 그렇게 했더라도 내가 이미 품은 선입견들만 재배열되었을 거라고.

때로는 경험이 말하게 하고, 실제로 말해지는 바에 기초하여 당신의 이론을 고치는 것이 최선이다. 이것이 제임스가 '감각적 **종점들**을 발견'하라고, 우리의 생각이 성공하거나 실패할 수 있는 경험적 끝점들을 발견하라고 말하면서 우리에게 촉구하는 바다. 제임스에 따르면, 생각을 경험이라는 기반에 묶어놓는 것은 또 다른 이유에서도 유익하다. 경험은 **공통의** 기반이다. 다양한 생각을 지닌 개인들이 만나고 많은 경우에 합의에 이를 수 있는 장소다. 임의의 두 이론을 평가하려면, 그 이론들 각각의 실천적 귀결들을 살펴보고 그것들의 '감각적 **종점들**'을 찾아내야 한다. 만일 두 생각이 똑같은 종점에 도달한다면, 그 생각들은 실질적으로 똑같다고 할 수 있다. 외견상 사뭇 다른 이론들도 마찬가지다. 이론들을 (실천적 관점에서) 살펴보면서 실질적인 혹은 유의미한 차이를 찾아내야 한다.

대다수의 부모와 마찬가지로, 그리고 대다수의 이혼한 커플과는 확실히 마찬가지로 캐럴과 나는 아이를 어떻게 키울 것인가 하는 문제를 놓고 때때로 의견이 엇갈린다. 이것은 완곡한 표현이고, 실은 말다툼을 매우 심하게 한다. 나는 이 상황이 내다볼 수 있는 미래 너머까지 이어지리라 확신한다. 철학자들은 실은 중요하지 않은 온갖 논점을 놓고 이빨과 발톱을 드러내며 싸우는 재주가 있다. 단 하나의 의견 충돌을 해소하는 것에 어느 예쁜 아이의 미래가 온전히 달렸다고 두 철학자가 생각한다면 어떤 일이 벌어질지 상상해 보라. 결코 멋진 상황이 아니다. 그러나 여러 해에 걸쳐, 심지어 이혼한 뒤에도, 우리는 제임스에게서 교훈을 얻었다. 〈인지의 기능〉의 끄트머리에서 제임스는 이렇게 주장한다. "많은 논쟁은 공기와 싸우는 것과 유사하다. 그런 논쟁은 감각적인 유형의 실천적 논점이 없다."[12] 옳은 말이다. 우리의 많은 논쟁은 실천적 견해 차이가 아니라 고정관념의 충돌에서 비롯되었다고 할 수 있다. 예컨대 베카는 무언가를 건네받을 때 "고마워요"라는 인사말을 종종 빼먹는다. 이런 태도를 가지고 캐럴과 내가 논쟁해야 할까? 아니면 딸과 함께 사는 경험 속으로 깊이 들어가 이렇게 물어야 할까? '이 아이는 대체로 고마워할 줄 아는 아동으로 성장하는 중일까, 아니면 무시무시한 꼬마 폭군으로 성장하는 중일까?' 우리 앞에 놓인 구체적 실재들에 신중하게 주의를 기울일 때, 우리는 이 질문에 대한 답을 함께 구해 볼 수 있다. 그 변화하는 경험적 실재들을 무시하면 "우리는 서로의 취지를 전혀 알지 못하게 된다"[13]라고 제임스는 일깨웠다. 공통의 경험에 의지하지 않으면, 두 사람이 서로의 말을 귓등으로 듣게 되고, 그러다 결국 말이 통하지 않게 되는 것은 시간문제다.

때때로 캐럴과 내가 프래그머티즘의 정신을 품을 때, 우리는 용케 논쟁을 (적어도 이튿날이나 그다음 주까지) 중단하고, 아이를 함께 키우며 경험을 공유하고, 바라건대 현재 벌어지는 일에 합의와 비슷한 상태에 도달한다. 하룻밤 사이에 상황이 바뀌어, 어제만 해도 거의 운명적인 듯했던 싸움을 피하는 것이 갑자기 가능해지는 경우도 많다. 이것은 단순히 우리의 화가 가라앉았다거나 조심성이 향상되었다는 뜻이 아니다. 경험적 사실들을 눈여겨보면, 어떤 것도 운명적이지 않다. 언제나 다른 것이 가능하다. 우리에게는 늘 협동할 자유가 있고 예상외로 세계가 우리에게 기회를 제공한다는 사실을 발견하고 우리는 스스로 놀란다. 이런 일이 일어날 때, 우리는 더 완벽한 합일을 이뤄내지는 못하지만(이

제 그런 합일은 완전히 불가능할 것이다) 대신에 전형적인 이혼 커플의 육아보다는 조금 더 낫고 정직한 상태에 도달한다. 분명히 말해 두지만, 우리는 이 측면에서 특별히 우수한 커플이 아니다. 우리는 그저 노력하고 있을 따름이다.

자유의지에 대한 제임스의 옹호는 이 변화가 가능하다는 확약으로서 진리에 관한 프래그머티즘 이론의 배후에 자리 잡고 있다. 자유의지의 인정은 삶의 난관들 앞에서 우리가 적응하고 성장할 수 있다고 보는 낙관주의의 첫걸음이다. 제임스가 '개선주의meliorism'라고 부르는 이 희망찬 세계관은 개선이 필연적이지는 않지만 충분히 가능하다고 주장한다. 《프래그머티즘》에서 제임스는 이렇게 쓴다.

> 프래그머티즘의 관점에서 자유의지란 **세계 안에 신선함이 있음**을 의미한다. 가장 심층적인 요소들과 표면의 현상들 모두에서 미래가 과거를 똑같이 반복하고 모방하지 않을 수 있다고 기대할 권리를 의미한다. 그런 모방이 수두룩하게 있음을 누가 부정할 수 있겠는가? 보편적인 '자연의 균일성'은 모든 하위 법칙의 전제다. 그러나 자연이 근사적으로만 균일할 수도 있을 것이다. 그리고 세계의 과거에 관한 앎에 기초하여 비관주의(혹은 세계의 좋은 성격에 대한 의심)를 품은 사람들은(그 좋은 성격이 영원히 고정되어 있다고 여기면 그 의심이 확신으로 바뀌겠지만) 자유의지를 **개선주의** 교리로서 자연스럽게 환영해도 될 것이다.

> 개선주의는 개선을 적어도 가능한 것으로 주장한다. 반면에 결정론은 가능성이라는 우리의 개념 자체가 인간의 무지에서 나왔다고 주장하며, 필연성과 불가능성이 세계의 운명을 지배한다고 확언한다.[14]

물론 육아 전략에 대해서 우리 둘 다 잘못 판단할 수도 있겠지만(어려운 질문은 늘 완전히 해결되지 않는다), 이 미결정성은 함께 해결책을 알아내는 과정에서 꼭 필요한 요소라고 프래그머티스트는 말할 것이다. 우리는 둘 다 이혼 커플의 공동 육아라는 수렁을 헤치며 최선을 다해 전진하는 중이다. 확신할 수는 없지만, 가끔 캐럴과 내가 용케 베카의 세계를 함께 경험할 때, 나는 제임스가 우리를 자랑스럽게 여길 거라고 추정한다. 우리가 계속해서 딸의 삶에서 변화하는 사실들에 기민하게 대응한다면, 우리의 정신들이 위태로운 상황에서 서로 만난다면, 우리의 삶은 향상된다고 나는 절대적으로 확신한다. 이것이 내가 아는 진리이며, 나는 아직 이 진리를 떨쳐버릴 준비가 되지 않았다.

프래그머티즘에서 관건은 삶과 삶의 개선이다. 이것이 전부다. 그리고 이것으로 충분하다. 무엇이 이보다 더 중요하겠는가? 무엇이 이것 말고 또 중요하겠는가? 제임스는, 우리가 살면서 의지하는 적당한 수준의 확실성들이 그리 순탄치 않은 우리의 처지를 개선할 가능성이 있는 한에서만 '진리'에 관심을 기울였다. 이것은 제임스가 가장 좋았던 시절에도 명확히 취한 입장이었다. 1890년에 《심리학의 원리》를 출판한 후, 제임스는 학계의 대스타가 되었다. 원한다면 그는 거의 즉각적으로 고전적인 실험심리학 교과서가 된 그 책을 개정하면서 경력의 끝까지 순항할 수 있었다. 그러나 제임스는 그렇게 하지 않았다. 그런 대신 자신의 명성과 그 명성이 불러온 초대 강연의 기회를 이용하여 20년에 걸친 개선에 착수했다. 제임스는 그 20년 동안에 프래그머티스트가 된 것이다.

제임스는 어떻게 세계를 개선했을까? 그 방법은 거의 늘 사람들과의 대화(와 강의)였다. 그는 뛰어난 저자였지만, 그의 학생들에 따르면, 선생으로서는 더 유능했다. 1893년부터 1899년까지, 제임스는 미국 전역에서 대형 공개 강연을 수십 번 했다. 그는 업스테이트 뉴욕의 셔터쿼에서부터, 버지니아 중부의 핫스프링스, 콜로라도스프링스, 버클리까지 온 미국을 누볐다. 내가 말하는 대형 공개 강연은 예사로운 행사가 아니었다. 여행이 전혀 쉽지 않던 그 시절에 수백 명이 제임스의 강연을 듣기 위해 꼬박꼬박 여행을 하곤 했다. 오로지 《심리학의 원리》만 다루는 강연을 해달라는 요청도 가끔 있었지만, 훨씬 더 많은 경우에 그는 일반적인 정치적 관심사, 사회적 병폐, 도덕적 위기에 관한 강연을 요청받았다. 제임스의 시대에는 철학자가 대중적 지식인으로서 존중

받는 분위기가 아직 남아 있었다. 철학이라는 학문 분야가 20세기에 스스로 상아탑 안에 웅크리면서 그 분위기는 금세 사라지고 말지만, 다행히 제임스는 철학의 자기주변화self-marginalization가 본격화하는 것을 목격하지 못했다. 경력의 후반부에 제임스는 실천적 영향력을 자신의 주요 가치로 삼은 철학자가 되었다. 그는 자신의 사상이 중요하게 작용하기를, 때로는 상당히 절실히 바랐다.

1890년대에 사회적·정치적 개혁가로서 제임스의 삶은, 개인적 자유의 신성함, 개인적 차이에 대한 존중, 유의미한 행동의 우선성, 개인들과 공동체들이 경험하는 현실에 대한 배려를 옹호하는 정합적인 철학적 세계관에 의해 통일되었다. 제임스는 거듭해서 제국주의에 반대하는 발언을 했다. 그는 제국주의를 자유의 모욕으로 여겼다. 또 술에 취하는 것에도 반대했다. 그는 술 취함을 행동과 생각에 스스로 입히는 '장애'로 여겼다. 지혜를 계산 가능한 측정법으로 주저앉히는 교육의 관료화에도 반대했다. 또한 우리의 생각에 잠재한 야만적 폭도성暴徒性의 반영인 인종주의와 린치에 반대했다. 이런 활동들은 제임스에게 결코 사소한 일들이 아니었다. 한때 유행하다가 잦아드는 산발적인 운동 따위가 아니었다. 또 훗날 로이스가 지적했듯이, 이런 활동들은 제임스의 공식적인 철학적 저술에 딸린 '부수적' 사항에 불과하지도 않았다.

제임스는 모든 형태의 '큰 것'을 배척했다. 분수에 맞지 않게 너무 커진 기관들과 사상들, 잔뜩 부풀어 그 창조자의 오만을 드러내는 기관들과 사상들 말이다. 제임스는 큰 정부와 큰 사업의 성장을 지켜보며 공포 비슷한 감정을 느꼈다. 20세기 초 루스벨트의 팽창주의 정책에 대한 반응으로 제임스가 내뱉은 말은 "빌어먹을 거대한 제국들!"[15]이었다. '큰 것'은, 때때로 보잘것없지만 항상 결정적으로 중요한 개인들의 잠재력을 무시했다. 큰 기관은 개인을 한낱 부분으로, 그다지 중요하지 않은 부분으로 취급하는 경향이 있었다. 큰 사상은 사람들과 경험들을 단일한 통합적 범주의 유형들 혹은 표현들로 이해하곤 했다. 사람들과 경험들은 다양한 방식으로 그 범주에 딱 들어맞지 않을 수도 있음을 무시하면서 말이다. '큰 것' 앞에서 개인들은 이용되거나 간단히 흡수된다.

제임스가 '큰 것'을 배척했음을 감안하면, 자신의 교육 경험이 비인격적인 대형 강당에서 이루어지는 것을 무의미하게 여겼을 것이라 짐작할 수 있다. 실제로 그러했다. 하버드 대학교에서 제임스의 교육은 두드러지게 '소규모'였다. 그는 학생들의 생생한 경험을 위해 맞춤형으로 교육했다. 그는 거듭해서 '철학 D' 강좌를 맡았는데, 다양한 기준으로 평가할 때 그 강의는 그때까지 하버드 대학교의 역사를 통틀어 가장 인기 있었다. 그럴 만한 이유가 있었다. 제임스의 프래그머티즘은 철학이 여전히 생사가 걸린 중요성을 지닐 수 있다고 주장했고, '철학 D'는 실존적으로 중대한 주제들을 다뤘다. 많은 학자들이 작심하고 기피하는 진리, 자유, 신, 악惡, 고통, 죽음, 삶의 의미 등과 같은 주제들을. 그의 강의는 무미건조한 파워포인트 발표나 진리표 작성 연습이 아니었다. "천재는 우리에게 우리 자신의 능력에 대한 신뢰를 한없이 불어넣는다"[16]라고 에머슨은 말한다. 이것이 제임스가 철학을 강의하고 저술할 때 세운 목표였다. 그는 학생들을 격려하여 삶의 가장 어려운 질문들과 씨름하도록 이끌었다. 그것도 학생들 자신의 힘으로 용감하게 씨름하도록 말이다. 그러나 제임스가 학생들을 스스로 알아서 하도록 방치했다는 뜻은 아니다. 전혀 그렇지 않았다. 제임스는 이례적으로 제자들과 가깝게 지냈으며, 하버드대학교에서는 드물게 강의 도중에 청중의 질문을 받는 교수였다. 충분히 예상할 수 있듯이, 학생들은 그의 강의가 제공하는 지적·감정적 친밀성을 아주 좋아했다. 제임스는 젊은이들이 그들 자신의 힘을 육성하도록 격려했으며, 학생들 각자의 유일무이한 재능을 육성하는 일보다 교수 자신의 조수나 완벽한 복제품을 수확하는 데 더 관심이 있는 듯이 보이는 동료들을 자주 비판했다.

1899년, 제임스는 7년 전에 케임브리지에서 선생들과 학생들에게 했던 연속 강의의 원고를 모아 편집했다. 그리하여 출판된 《선생들에게 건네는 말Talks to Teachers》은 《심리학의 원리》의 요약본이라고 할 만한데 제임스 자신이 보기에 엄청나게 따분했다. 그러나 그 책의 마지막 세 장에는 '학생들에게 건네는 말Talks to Students'이라는 소제목이 부여되었다. 저자에 따르면, 그 부분은 정말로 가치가 있었다. 그 3회의 강의에는 '삶의 몇몇 이상'에 관한 가르침이 담겨 있었으며 원숙한 제임스가 학생들을 위해 '소규모' 수업에서 제시하는 실존적·윤리적 메시지를 명확히 보여주었다.

'학생들에게 건네는 말' 중 첫째 강의인 '휴식이라는 복음The Gospel of Relaxation'은 케임브리지 김나지움의 여학생들을 상대로 이루어졌으며, 제임스가 '건강하지 않은 정신'으로 여긴, 당시에 그 수가 점점 더 늘어나던 학생들의 '내면적 삶Binnenleben'을 파고들었다.[17] 서둘러 명확히 해두는데, 제임스는 그 젊은 여성들을 꾸짖거나 부끄럽게 만들지 않았다. 그는 자신을 그들과 동일시했으며 궁극적으로 그들의 삶을 개선하고자 했다. "온갖 오래된 후회, 부끄러움 때문에 억눌린 야심, 소심함에 가로막힌 열망을 제쳐놓으면, 건강하지 않은 정신의 '내면적 삶'은 주로 신체적 불편들로 이루어진다. 당사자는 그러한 불편이 어디서 발생하는지 명확히 인식하지 못하지만 그것들은 일반적인 자기불신을 낳고 자신에게 무언가 문제가 있다는 느낌을 낳는다."[18] 이 자기불신은 흔히 어떤 생물학적이거나 심리학적인 기질器質의 반영일 수도 있지만, 제임스는 신경학적 천성이라는 운명에 자신을(혹은 학생들을) 내맡길 생각이 없었다. 자신이 아프다는 느낌은 기질에서 시작될 수도 있겠지만, 그 느낌은 흔히 특정한 조건에서 성장하고 육성되며, 제임스는 청중이 그 조건에 저항하기를 바랐다.

많은 사람, 특히 제임스의 시대와 우리 시대의 여성에게 '영혼이 아프다'는 느낌은 당사자가 주변의 명시적이거나 암묵적인 기대에 구속되어 있음을 반영한다. 이 경우에 자신의 '내면적 삶'—"그의 의식이 감옥-집의 비밀들을 품고 홀로 거주하는 장소의 발설되지 않은 내면적 분위기"—을 바로잡는 작업은 자기성찰 행위로는 성취되지 않는다. 오히려 그 작업은 신선하게 외부로 향하는 시도여야 한다.[19] 무언가를 실행해야 한다. 제임스의 제안은 명확하다. 좋은 습관을 들여서 사회적 관습을 구부리고 되도록 그것을 깨뜨리라는 것이다. 스키를 타고 적극적으로 신체 활동을 하면서 현재의 문화적 규범에서 급진적으로 벗어나는, 그리하여 여성은 '난롯가에 앉아 있는 얼룩 고양이'라는 고정관념에서 탈출하는 노르웨이 여성의 사례를 그는 강조했다.[20] 물론 모든 사람이 스키 타기를 할 수 있거나 원하는 것은 아니다. 그러나 의식의 변두리 혹은 확장되는 경계에서 우리 각자는 삶을 위축시키거나 약화하지 않고 활성화하는 행동 방식들을 상상할 수 있다고 제임스는 생각한다. 변두리를 살펴보라. 거기에 무엇이 있는지 보고, (이것이 더 중요한데) 왜 그것이 중심에서 작동하지 못하고 거기에 있는지 따져보라. 어떤 힘들이 그것을 변두리로 밀어내는 것일까? 사회는 구성원들의 순응 덕분에 콧노래를 부르며 순항하지만, 사회의 존속은 개인들의 유일무이한 전망이 희생되는 대가를 통해 확보될 때가 많다.

원숙한 제임스가 보기에, 자유롭게 행동하라는 명령은 자유로운 행동을 금지하는 사회 구조에 대한 명시적 비판과 맞물려 있었다. 제임스는 결론에서 이렇게 썼다. "우리가 사는 뉴잉글랜드에서는 온종일 책임감을 느낄 필요성이 충분히 오랫동안 설교되었다. 오직 그 설교만이 충분히 오랫동안, 특히 여성에게 충분히 오랫동안 이루어졌다."[21] 사회적 틀을 깨는 행동은 특정한 풍습과 의무를 위반한다는 점에서 일반적으로 무책임하게 보인다. 그러나 이런 유형의 위반은 자기 삶의 저자著者가 되는 방편일 때가 많다. 그리고 자기 삶의 저자 되기가 책임감 느끼기의 참된 의미일 수 있다고 제임스는 제안했다.

제임스는 진정성을 추구했으며 학생들의 진정성을 칭찬했다. 설령 그들의 진정성이 의무를 소홀히 하는 결과를 가져오더라도 말이다. 거트루드 스타인은 제임스의 학생이었다. 언젠가 그녀는 제임스의 수업에서 시험을 치러야 했는데 그 시험에 전혀 관심이 없었다. 그래서 시험을 치르지 않았다. 그 대신에 시험지 맨 위에 이렇게 적었다. "존경하는 제임스 교수님, 죄송하지만 저는 오늘 철학 시험을 보고 싶은 느낌이 정말 손톱만큼도 들지 않습니다." 그녀는 '느낌이 들지 않는' 것에 머물지 않고 자리에서 일어나 밖으로 나갔다. 이튿날 제임스는 스타인 학생에게 다음과 같은 메모를 전달했다. "친애하는 스타인 양, 나는 당신의 느낌을 완벽하게 이해합니다. 나 자신도 그런 느낌이 자주 듭니다."[22] 그런 다음에 그녀에게 높은 학점을 주었다. 교육의 유일한 목적은 개인들이 자신의 정신과 의지를 관습에서 벗어나 온갖 비관습적인 방식으로 발휘하도록 고무하는 것이다. 제임스가 보기에 스타인은 높은 학점을 받을 자격이 있었다. 그녀는 흔히 인정하기 어렵거나 금지된 바, 곧 자신이 실제로 느끼는 바를 따랐으니까 말이다.

제임스가 보기에 도덕적 올바름을 위한 관건은 규칙을 따르는 능력이 아니다. 오히려 책임지기란 자신의 행동을 받아들이고 감당하기, 그 행동이 못마땅하더라도 온전히 자신의 것으로 인정하기다. 물론 책임감 있는 사람은 자신이 속한 공동체의 규범 앞에서 자신의 행동을 정당화할 준비가 되어 있어야 한다. 그러나 우리는 궁극적으로 우리 자신 앞에서, 바꿔 말해 행동에서 발생하는(혹은 발생하지 않는) 의미를 느끼는 내적 감각 앞에서, 우리의 행동을 정당화할 준비가 되어 있어야 한다고 제임스는 주장한다. "나의 행동에서 '진짜 나'가 느껴지는가? 혹시 나는 나의 유일한 삶에서 반쯤 잠든 채로 단지 연기를 하는 것이 아닌가?" 이 질문은 성년기의 초기에 제임스를 괴롭혔지만 점차 그의 도덕적 견해의 중심축이 되었다. '학생들에게 건네는 말'에 속한 둘째 에세이 〈인간 안의 어떤 맹목성에 관하여A Certain Blindness in Human Beings〉에서 제임스는 삶의 의미 혹은 중요성에 관하여 이렇게 쓴다.

> 삶의 과정이 그 삶을 사는 당사자에게 절실하다고 알리는 곳이라면 어디에서나 삶은 정말로 중요한 의미를 띤다. 때때로 그 절실함은 신체 활동과 관련이 있고, 때로는 지각과, 때로는 상상과, 때로는 성찰적 사고와 관련이 있다. 그러나 삶의 의미가 발견되는 곳이라면 어디에나 실재의 강렬한 열정, 얼얼함, 흥분이 있다. 그리고 시간과 공간을 막론하고 유일하게 실질적이고 긍정적인 의미의 '중요성'이 있다.[23]

어원이 밝혀지지 않은 영어 'zest'는 '강렬한 열정'을 뜻한다. 제임스가 보기에 '시간과 공간을 막론하고' 인간적 의미의 열쇠는 바로 그 강렬한 열정이었다. 때때로 나의 아픈 영혼이 몸부림치는 것은 내가 강렬한 열정을 발견하거나, 생산하거나, 심지어 꾸며내지 못하기 때문이라고 나는 생각한다. 강렬한 열정이 어디에서나—활동이나 지각, 상상 또는 반성에서—발견될 수 있다는 제임스의 말은 옳다. 그러나 어디에서도 강렬한 열정을 발견하지 못할 때, 그 말은 내게 거의 위로가 되지 않는다고 고백할 수밖에 없다. 그럴 때 나는 흔히 '스타인 양' 행동한다. 즉, 내가 가장 열정을 못 느끼는 활동, 나의 느낌을 완전히 마비시키거나 공허하게 만드는 활동을 식별한 다음에 그 활동을 하지 **않으려** 한다. 중세에 신학자들은 신에게 도달하는 '부정적인 길'(라틴어로 '비아 네가티바via negativa')을 발견했다. 즉, 그들은 신이 무엇이 아닌지를 명확히 함으로써 신의 경계를 그었다. 어떤 활동에서도 '강렬한 열정'을 발견하지 못할 때, 나는 그 신학자들과 유사하게, 나를 특히 무기력하게 만드는 활동을 피한다. 고맙게도 이 '부정적인 길'은 나를 한동안 견디게 해주고 흔히 얼마 후에는 강렬한 열정으로 충만한 경험으로 데려간다.

나는 솔직히 털어놓고 싶다. 마침내 내가 '강렬한 열정'을 경험할 때, 그 경험은 너무나 반가운 위안이어서, 나는 필사적으로 악을 쓰는 사람처럼 그 경험에 매달리곤 한다. 강렬한 열정이 신체화되어 타인으로 등장하면, 나는 깨어 있는 모든 시간을 그 새로운 친구나 연인과 함께 보낸다. 스포츠에서 강렬한 열정이 발견되면, 나는 몸이 부서지도록 그 스포츠에 매진한다. 강렬한 열정이 글쓰기나 읽기에서 발생하면, 나는 잠을 안 자다시피 한다. 강렬한 열정은 그렇게 중독적이며 모든 것을 잡아먹는다. 강렬한 열정에 관한 한, 나는 과도하게 투자하며 심지어 탐욕스럽다. 제임스도 나와 유사하게 강박적 충동을 느꼈지만, 그는 강렬한 열정을 악착같이 추구할 때 발생하는 문제를 깨달았다. 그 문제는 강렬한 열정은 거의 늘 빛바래기 마련이라는 빤한 사실이 아니다. 오히려 우리의 강렬한 열정을 타인이 어떻게 경험하는지와, 그리고 그 경험을 우리가 알아채지 못한다는 점과 관련이 있다. 자신의 대단히 유의미한 경험에 집중하다 보면 제임스가 '인간 안의 어떤 맹목성'이라고 부르는 것이 표출되는 경향이 있다.

〔우리〕 각자는 자신의 의무들의 중요성과 그것들을 일깨우는 상황의 중대성을 강렬하게 느끼기 마련이다. 그러나 이 느낌은 우리 각자 안의 중요한 생의 비밀이며, 타인들이 그 느낌에 공감하기를 바라는 것은 부질없는 짓이다. 타인들은 그들 자신의 중요한 생의 비밀에 워낙 몰두해서 우리의 비밀에 관심을 기울이지 못한다. 그래서 타인들의 삶의 중요성을 다룰 때 우리의 견해는 어리석음과 부당함에 빠진다. 그래서 타인들의 처지나 이상의 가치를 절대적으로 판정하려 나설 때 우리의 판단은 잘못에 빠진다.[24]

강렬한 열정은 인간적 의미의 생동하는 '내부'이지만, 이 생동성의 유혹은 우리 자신의 관점 안에 갇힐 위험을 동반한다. 우리의 내면적 삶이 우리에게 그러한 것과 똑같이 타인들의 내면적 삶, 즉 그들의 기쁨, 슬픔, 희망, 실망은 그들에게 즉각적이고 실재적임을 우리는 너무 쉽게 망각한다. 낯선 사람을 그나마 눈여겨볼 때도, 우리는 흔히 차창 너머로 바라보듯 한다. 우리는 운전하며 지나가고, 고개를 돌리고, 멍하니 바라본다. 낯선 이들은 대개 피해야 할 대상이다. 이런 인간 혐오는 매우 기본적인 자기중심성에, 워낙 심층적이고 만연해서 지극히 정상적으로 느껴지는 나르시시즘에 뿌리를 둔다.[25] 우리는 의미를 창조하는 존재들이지만, 대체로 우리는 각자가 개인적으로 창조하는 의미에만 관심을 기울인다. 어쩌면 우리는 가장 가까운 친구들과 가족에게까지 관심을 확장하겠지만, 거기까지가 전부다. 나머지 세계는 '우리 너머'에 있다. 적어도 진정한 인정認定, recognition을 기준으로 보면 그러하다.

〈인간 안의 어떤 맹목성에 관하여〉에서 제임스는 자신이 오랫동안 이 근시안 때문에 고생했다고 털어놓는다. 그의 설명에 따르면, 노스캐롤라이나로 여행하는 중에 산속의 시골 판자촌을 통과했는데, 그곳에서 그는 아름답거나 고귀하거나 유의미한 것을 전혀 발견할 수 없었다. 그곳은 그냥 죽은 것만 같았다. 강렬한 열정이 전혀 느껴지지 않았다. 그는 최대한 빨리 그 마을을 벗어나고 싶었다. 그러나 한 가지 생각이 그를 망설이게 했다. 그 생각은 내가 강렬한 열정이 넘치는 경험을 미친 듯이 추구할 때 나의 속도를 늦추는 생각이기도 하다. 여기에 사는 남자들과 여자들, 아이들과 반려동물들 모두가 나와 마찬가지로 의미가 충만한 순간들을 추구하며 살 가능성이 있고 심지어 그럴 개연성이 꽤 높지 않을까? 나와 똑같이 그들도 주위에서 강렬한 열정을 바라고 발견할 가능성이 있지 않을까? 그렇다, 그럴 가능성이 있다.

그런데 이 대목에서 조심할 필요가 있다. 제임스의 취지는, 우리가 유리창 너머로 어슴푸레하게 보는 낯선 사람들이 우리와 똑같은 경험을 한다는 것이 아니다. 우리가 우리 자신의 바람과 욕망을 길거리나 시장에서 지나치는 타인들에게 투사해야 한다는 말이 아니다. 그의 취지는 오히려 정반대다. 제임스에 따르면, 개인들 각각은 단 하나뿐인 독특한 방식으로 의미를 얻고 강렬한 열정을 경험한다. 바꿔 말해, 우리의 세계들을 유의미하게 만드는 강렬한 열정들 사이에 환원 불가능한 차이가 있으며, 바로 그렇기 때문에 우리는 똑같다. 또한 우리는 강렬한 열정이 실현되지 않거나 소멸할 때의 실망감과 슬픔을 철저한 소외와 외로움으로 유사하게 느낀다. **우리는 저마다 따로 떨어져 있다고 똑같이 느낀다.**

도덕 이론의 역사에서 윤리적 공동체는 일반적으로 공통의 충성심이나 특징을 공유한 구성원들로 이루어진다고 간주된다. 어쩌면 그들은 똑같은 신이나 깃발을 숭배할 것이다. 어쩌면 다들 이성을 지녔고, 그 이성이 그들에게 탁월한 가치를 제공할 것이다. 어쩌면 그들 모두가 고통과 기쁨을 경험할 수 있을 것이다. 그러나 예사롭지 않은 개인들, '올바른' 것을 숭배하지 않거나 '올바른' 속성을 나타내지 않는 사람들이 있다. 이 일탈적 개인들은 공동체에 발을 들이도록 허용되지 않는다. 대개 그들은 추방된 사람처럼 취급된다. 공통성에 기초한 공동체는 놀라울 만큼 배타적일 수 있다.

거의 한 세기 앞선 아르투어 쇼펜하우어와 유사하게 제임스는 차이에 기초한 윤리적 공동체를 추구했다. 개인들은 '비참한 동반자들'[26]이라고 쇼펜하우어는 주장했다. 고통은 '개인화'를 일으킨다. 즉, 고통은 주관적으로, 홀로 고립된 상태에서 경험한다. 그러나 실은 이것이 사회적 세계의 바탕에 깔린 공통점이다. 우리 각자는 자신의 유일무이한 지옥굴에서 고통받지만, 쇼펜하우어에 따르면, 이것은 우리가 공유한, 우리를 고립시키는 사실이다. 우리는 절대로 똑같은 비참함을 겪지 않는다. 그러나 우리가 겪는 비참함의 차이는 주위의 타인에 대한 연민의 마음을 불러일으키기에 충분할 정도는 되어야 한다.

나는 제임스의 철학적 행보도 이와 유사하다고 생각한다. 각각의 생물이 완벽하게 유일무이한 나름의 방식으로 의미를 창조한다는 것, 강렬한 열정이 발생한다면 뭐니 뭐니 해도 **내부에서** 발생한다는 것은 제임스가 소중히 여기는 개인주의를 유지하면서 제임스풍의 공동체를 결속하는 믿음이다. 제임스는 시종일관 차이와 개인적 변이를 존중하고자 한다. 이것은 철학자들이 말하는

'해악 금지 원리no-harm principle', 곧 나의 자유는 너의 코앞에서 끝난다는 생각, 내가 나의 자유로 너에게 해를 끼치는 것은 도덕적으로 허용되지 않는다는 생각에서 한걸음 더 나아간 입장이다. 쇼펜하우어의 뒤를 이어 제임스는 진정한 수용을 촉구한다. 그는 〈인간 안의 어떤 맹목성에 관하여〉를 다음과 같은 충고로 마무리한다.

> 자, 이 모든 고찰과 인용의 결론은 무엇일까? 그 결론은 한편으로 부정적이지만 다른 한편으로 긍정적이다. 그 결론은 우리의 것과 다른 실존 형태들의 무의미성을 나서서 선언하는 것을 절대적으로 금지한다. 그리고 그 결론은 그들 나름의 방식으로 무해하게 어딘가에 관심을 기울이면서 행복한 사람들을, 우리가 보기에 그들이 아무리 이해할 수 없더라도, 관용하고 존중하고 받아주라고 우리에게 명령한다. 손대지 말라. 진리 전체나 좋음 전체는 어떤 단일한 관찰자에게도 드러나지 않는다. 물론 각각의 관찰자는 자신의 고유한 자리에서 부분적으로 우월한 통찰을 얻지만 말이다. 심지어 감옥과 병실에서만 특별히 드러나는 것들도 있다. 우리 각자에게 자신이 얻은 기회에 충실하고 자신이 받은 축복을 최대한 활용하면서 나머지 방대한 영역을 규제하겠다고 나서지 말라고 요청하는 것으로 충분하다.[27]

실재의 '방대한 영역'은 그것을 이해하려는 우리의 노력을 계속해서 추월한다. 어떤 이야기도 삶 전체를 담을 수는 없다. 아무도, 심지어 신도 삶 전체를 완전히 이해할 수 없다. 1897년, 제임스의 친구 벤저민 블러드는 "오직 첫 철자를 소문자로 쓴 신들gods만 믿고 존재의 절정들은 믿지 않는다"라고 썼다. 이것은 제임스의 믿음이기도 했다. 제임스는 (블러드의 표현을 빌리면) "모든 것이 영원의 중간에서 일어난다"[28]고 믿었다. 영원은 단 하나의 포괄적 진리가 아니라 많은 진리를 제공한다. 그리고 아주 미미하게라도 진리인 것은 모두 저마다 그것을 진리로 만드는 귀결들을 지녔으며, 중요한 것은 그 귀결들이다. 그 귀결들이 내가 우리 집이라고 부르는 주택에 영향을 주든, 아니면 내가 결코 가고 싶지 않은 감옥이나 병원에 영향을 주든 말이다. 제임스의 시각에서는 내가 감옥이나 병원을 고려하기를 거부하는 행위는 통찰과 상상의 실패다. 그의 제안은 아주 간단하다. 더 열심히 노력하라.

윌리엄제임스홀의 옥상에서 내려다보면 모든 것이 아주 멀게 느껴진다. 하지만 쌍안경을 사용하면, 제임스의 하버드 대학교 경력이 끝날 즈음에 건축되었으며 현재 철학과가 사용하는 건물인 에머슨홀의 2층 창 너머 내부까지도 거의 보인다. 그 철학과 건물의 중심에 로빈스도서관이 있다. 보안이 철저하지 않으며 반쯤만 철학과 전용인 그곳의 장서를 교직원, 대학원생, 철학 전공 학부생이 이용한다. 그리고 그 도서관의 중심에 이색적이지만 수수한 물체가 놓여 있다. 나는 그것을 2011년에 발견했는데, 그때까지 그것은 한 세기 넘게 사람의 손길이 닿지 않은 상태였다. 한때 그것은 도서관 뒤쪽 서가 위에 얹혀 있었다. 바로 높이 약 25센티미터에, 재질은 주석 합금, 하버드 대학교 학부생이 술을 따라 마시기에 딱 좋은 대형 잔이다.

잔에 새겨진 문구는 희미하지만 아직 충분히 읽을 수 있다. "마지막 철학 강의를 마친 윌리엄 제임스 교수께 하버드 대학교가 드립니다. 1907년 1월 22일."[29] 그 겨울날 저녁, 당시 하버드 캠퍼스에서 가장 뛰어난 교수로 널리 인정받던 제임스는 에머슨홀을 가득 메운 청중에게 철학 교수로서 마지막 강의를 했다. 경력의 종점에 이른 그는, 대학이 서서히 변화하고 있으며 그 변화의 방향이 긍정적이지 않다고, 평소에 늘 하던 말을 되풀이했다. 이제 벗어날 때였다. 대학이 너무 '커지고' 있었다. 1903년에 그는 하버드 대학교에서 나오는 월간지 《문어 박사The Ph.D. Octopus》에 에세이 한 편을 발표했다. 그 월간지의 제목은 풍자적이지만 당혹스러울 정도로 예리하게 미래 고등 교육의 실상을 표현한다. 제임스는 우리의 대학이 전문가 패거리들, 즉 여러 학과로 구획될 것이며 오직 패거리 문화만이 유발할 수 있는 과도한 전문화가 핵심 특징으로 자리 잡을 것이라고 예언했다. 선생—삶의 의미에 관하여 유의미한 질문을 품을 성실은 사람—은 '교수', 곧 점점 더 정화된 용어를 내뱉는 전문가로 대체될 것이었다. 그리고 화합의 술잔은 동료가 심사하는 논문으로 대체될 것이었다.[30]

로빈스 도서관에 놓인 화합의 잔을 자세히 들여다보면, '철학 D' 과목을 수강한 학생들의 의뢰로 새겨진 또 다른 헌사가 눈에 띈다. 그리스 철학자 프로타고라스가 남긴 몇 안 되는 완전한 토막글 가운데 하나다. "Πάντον χρημάτων μέτρων άνθρωπος(인간은 만물의 척도다)." 제임스는 이 토막글을 오랫동안 숙고했으며 내가 보기에 양가적으로 대했다. 대다수 학자는 프로타고라스를 일종의 회의주의적 상대주의자로 간주한다. 즉, 우리 각자는 오로지 우리 자신의 지각에만 접근할 수 있으며, 따라서 진리와 실재는 관찰자 자신의 눈 안에 들어 있다는 것이 프로타고라스의 주장이라고 해석하곤 한다. 곧이어 대개 따라붙는 주장은 '객관적 진리, 혹은 절대적 진리는 없다'라는 것이다. 제임스는 동료 철학자 F. C. S.실러F. C. S. Schiller와 마찬가지로 이 주장에 어느 정도 공감했다. 〈인간 안의 어떤 맹목성에 관하여〉에 나오는 제임스의 말을 인용하면 "완전체로서의 진리나 좋음은 어떤 단일한 관찰자에게도 전체가 드러나지 않는다. 물론 각각의 관찰자는 자신의 고유한 자리에서 부분적으로 우월한 통찰을 얻지만 말이다."[31] 프래그머티스트가 보기에 '어디에도 발 딛지 않은 관점view from nowhere' 따위는 없다. 바꿔 말해, 진리 주장들을 평가할 수 있는 어떤 상위의 관점 따위는 없다. 오히려 모든 주장은 빽빽한 현실 안에서, 훗날 (시카고 대학교와 컬럼비아 대학교에서 프래그머티즘을 대표한) 존 듀이가 '문제적 상황'이라고 부른 구체적 맥락 안에서 만들어진다. 철학은 처음부터 끝까지 실험적이어야 했다. 철학은 실험의 한가운데에서 실행되어야 하고 실험을 해석하고 더 풍요롭게 만드는 능력을 기준으로 평가되어야 했다.

제임스는 프로타고라스의 회의주의에 공감했지만, 프래그머티즘은 도덕적 혹은 인식론적 척추가 없는 철학이라는 비판에 맞서 프래그머티즘을 변론하면서 말년을 보냈다. 버트런드 러셀을 비롯한 비판자들의 거듭된 지적에 따르면, 프래그머티즘은 노골적인 도구주의이며, 다른 모든 가치보다 효율을 앞세우는, '무엇이든지 좋다'라는 구호로 요약되는 세계관으로 너무 쉽게 이행했다. 제임스의 말년은, 프래그머티즘이 즉각적 이득과 삶의 영속적인 좋음을 혼동하는 것을 정당화한다고 보는, 점점 더 늘어나는 비판자들에게 맞서 프래그머티즘을 옹호하는 데 바쳐졌다. 그러나 그 비판과 달리, 《프래그머티즘》에서 제임스가 내놓은 설명에 따르면, 진리들은 실천적 귀결들에 의해 검증되는데, 그 귀결들은 결코 국소적이거나 지역적이지 않고, 즉각적이기보다는 멀리 떨어져 있으며, 오히려 창발적이면서 미리 결정되어 있지 않다. 당사자가 특정 시점에 손에 쥔 진리에 따라 행동할 필요가 있을 수도 있지만, 그 행동은 단지 희망에 기초한 행동이다. 다양한 진리들에 기초한 최종 판결은 아직 내려지지 않았다. 하지만 최종 판결이 내려지기 전에도 당사자는 살아갈 수 있어야 한다. 철학은 객관적 진리에 도달할 전망과 논리적 추상화에 회의적 태도를 취하면서도 나쁜 상대주의에 빠지지 않을 수 있다고 제임스는 주장했다.

프로타고라스와 유사하게 제임스는 '절대적인 것'에 대한 우리의 접근이 항상 부분적인 접근, 대개 가련할 정도로 미미한 접근이라고 보았다. 따라서 그는 절대적인 것의 본성과 의미에 관한 모든 거창한 주장에 회의를 품었다. 그러나 제임스는 사람들이 불확실성 앞에서 살아갈(더구나 흔히 성공적으로 살아갈) 가능성을 배제하지 않았다. 스타인, W. E. B. 듀보이스W. E. B. Du Bois, e. e. 커밍스e. e. cummings, 호레이스 캘런Horace Kallen, 윌리엄 어니스트 호킹을 비롯한 제임스의 학생들은 인간이 처한 조건에 대한 제임스의 현실주의를 존중했고, 그 조건을 확장할 수 있으며 적어도 한동안 초월할 수 있다는 제임스의 믿음도 물려받았다. 프로타고라스는 제임스주의자에게 실존적 도전장을 내민다. 당신은 당신 자신이 만물의 척도인 것처럼 살 수 있는가? 이 질문에 당신이 어떻게 대답하는가에 온 우주의 삶이 달린 것처럼 살 수 있는가? 이것들은 올곧은 인본주의자의 질문, 삶의 의미는 사는 놈에게 달렸다고 보는 사람의 질문이다. 당신은 내키는 대로 살 수 있다. 그렇게 살아라. 다만, 당신은 당신의 행동을 항상 책임져야 한다는 것을 알아두어라. 정말로 '인간'이 만물의 척도라면, 개인들은 절대적 책임을 짊어질 준비가 되어 있어야 한다.

제임스에게 헌정된 '화합의 잔'에 새겨진 문구는 오늘날의 문화 속에서 길을 잃을 위험을 마다하지 않는 급진적 인본주의를 담고 있다고 나는 확신한다. 또한 그 문구는 로빈스도서관에서 공부하는 학생 중 다수가 알아채지 못할 성싶은 또 다른 더 은밀한 의미를 암시한다고 확신한다. 에머슨홀은 1905년 말에 개관했다. 그 건물의 신축은 철학의 전문화를 상징했다. 그 건물과 거기에서 이루어질 교육은 큰 사업이 될 것이었다. 향후 철학은, 그리고 하버드 대학교의 심리학 실험실은 캠퍼스 안에서 다른 학문 분야들과 구별되는 독자적인 건물을 가지게 될 터였다. 학과들과 지적 규범들은 제각각 독자적으로 성장하면서 다시는 만나지 않을 터였다. 철학은 20세기에 점점 더 고립되면서 존재의 의미를 위태롭게 만들게 된다. 제임스는 이를 예견했고, 내가 짐작하기에, 에머슨홀이 그 예견의 실현을 상징한다고 여겼다. 따라서 그는 에머슨홀의 건축에 딱히 관심이 없었지만 그 신축 건물의 한 부분에 대해서만큼은 관심을 기울였다. 그것은 정면 입구 위에 새길 문구였다. 제임스와 조지 허버트 팔머George Herbert Palmer가 이끄는 철학과 교수 위원회는 가능한 문구를 여럿 제안했고 결국 '인간은 만물의 척도다'를 선택하기로 합의했다. 제임스는 그 결정을 하버드 대학교 총장 찰스 엘리엇Charles Eliot에게 알렸고, 그 문구를 새기기 위한 비계가 설치되었다.

찰스 엘리엇은 하버드의 기득권자, 진정한 '거물'이었다. 그는 1869년에 겨우 서른다섯의 나이로 총장에 임명되었다. 그가 총장으로서 가장 먼저 취한 조치 중 하나는 제임스를 생리학 강사로 임명한 것이었다. 그러나 제임스가 엘리엇에게 진 빚은 두 사람의 교육적 견해가 어긋난다는 사실을 거의 은폐하지 못했다. 엘리엇은 제임스의 화학 선생이었다. 그리고 제임스는 화학을 몹시 싫어했다. 화학은 재미없고 그릇된 방식으로 실용적이었다. 즉, 도구적이고, 공식에 의존하고, 지루했다. 엘리엇은 19세기 말에 고등 교육을 주도한 행정가들과 같은 유형의 인물이었다. 그는 사업가인 동시에 관료였다. 비교적 좋은 사람이었고 놀랄 만큼 진보적인 인물이었지만, 그래도 그는 관료였다. 그는 하버드가 작은 칼리지에서 미국 전역에 알려지는 종합 대학으로, 세계적인 연구 기관으로 변신하는 과정을 감독했다. 그는 하버드의 재정을 어마어마하게 키웠으며 그리 멀지 않은 곳에 위치한 매사추세츠 공과대학이라는 작은 학교를 사들일 궁리를 자주 했다. 제임스는 엘리엇의 "경제적 능력은 일류"임을 인정했지만, 그 총장은 "커다란 성격적 결함들이 있고 눈치가 없으며 간섭하기를 좋아하고 쩨쩨한 원한을 품는 경향이 있다"[32]라고 불평했다. 엘리엇 같은 사람이 보기에 제임스가 생물학, 심리학, 철학, 종교 등 다양한 학문 분야를 섭렵하려 하는 것은 매우 비효율적으로 느껴졌을 것임이 틀림없다. 제임스가 강의실에 들여온 실존적 열정을 엘리엇은 필시 엉뚱하다거나 아예 쓸모없다고 여겼을 것이다.

그리하여 철학과 교수 위원회의 문구 추천을 접수한 엘리엇은 전형적인 행정가답게 행동했다. 즉, 그 추천을 무시했다. 프로타고라스의 논란 많은 인본주의를 널리 알리는 대신에, 에머슨홀의 입구는 성경의 〈시편〉에 나오는 다음과 같은 질문으로 장식된다. "인간이 무엇이기에 주님께서 이렇게까지 생각해 주십니까?" 이 문구는 과거에 하버드를 지배하던 엄격한 칼뱅주의의 메아리였으며 어쩌면 철학과(또는 제임스)가 너무 오만해지면 안 된다는 타이름이기도 했다. 칼뱅은 성경에 나오는 이 문구에서 우리가 어떤 교훈을 얻어야 하는지 설명한다. 그 교훈은 인간이 만물의 척도라는 것이 아니다. 오히려 정반대다. 칼뱅은 이렇게 쓴다.

> 가련한 인간들이 땅 위에서 돌아다니며 극도로 나쁜 피조물들과 어울리는 것을 우리는 본다. 그러므로 만일 신이 자신의 위대함이나 존엄함에 대한 고려를 근거로 삼는다면, 신은 매우 타당한 이유로 인간들을 경멸하고 하찮게 여길 수도 있을 것이다. 선지자가… 말하려는 바는, 그 존엄함이 천상에서 찬연히 빛나는 영광의 창조주가 자비롭고 겸손하게 행동하여 인간처럼 가련하고 나쁜 피조물을 치장함에 따라, 신의 경이로운 선함이 더 환히 드러난다는 것이다.33

엘리엇은 특별히 독실한 신자가 아니었다. 그러나 칼뱅주의를 신봉한 선임자들과 마찬가지로 그는 질서를 숭배하고 개인적 기회를 업신여겼다. 구원은 인간의 노력이나 지성이나 의지력으로 성취된다고 생각하지 않았다. 오히려 우리 같은 인간과 완전히 무관한 모종의 비인간적 설계의 산물이라고 보았다. 우리가 할 수 있는 최선의 행동은 우리 자신을 신의 계획에 내맡기는 것이었다. 그리고 감사하는 것이었다. 이는 제임스가 가장 동의하기 힘든 생각이었다. 그는 이런 태도에 저항하는 프래그머티즘을 고안하는 데 자신의 경력을 온전히 바쳤다.

신축된 에머슨홀의 정면이 공개되고 1년 뒤에 수여된 '화합의 잔'은 제임스에게 위로의 상이었다. 엘리엇은 대학 건물과 관련된 일을 독단으로 결정할 수 있었지만, 학생들과 존경받는 선생 사이에서 일어나는 일까지 결정할 수는 없었다. 인간은, 인간의 삶과 의미는 여전히 만물의 척도였다. 그리고 이는 여전히 제임스의 교육 방식에 헌신하는 선생들에게 아주 좋은 일이다. 조금 지치는 날이면 나는 에머슨홀에 놓인 그 잔이 외톨이로 남았다는 생각이 든다. 왜냐하면 철학이라는 분야가, 아니 더욱 섬뜩하게도 우리 문화 전반이 이제 더는 교육이나 인간적 경험에 관심을 기울이지 않기 때문이다. 그러나 비교적 희망에 차서 제임스의 개선주의가 옳다고 느낄 때면 다른 결론에 이른다. 어쩌면 그 잔과 제임스의 프래그머티즘적 결론은 안전할 것이다. 왜냐하면 본성상 그것들은 침해될 수 없기 때문이다.

6장

경이와 희망

삶을 가장 위대하게 사용하는 방법은
삶보다 더 오래 존속할 무언가에 그것을 사용하는 것이다.
— 윌리엄 제임스, 페리의 《윌리엄 제임스의 사상과 성격》(1935)에서 재인용

2년 전, 10월의 어느 늦은 오후에 나는 맨해튼의 한 호텔에서 브루클린의 커뮤니티서점까지 걸어가기로 했다. 시원한 날씨였고, 저녁을 코앞에 두고 칙칙한 뉴욕의 풍경마저도 반짝이는 때였다. 나는 주위를 둘러보느라 바빠서 브루클린 다리 바닥에 설치된 하얀 표지판을 하마터면 지나칠 뻔했다. 그 표지판에 초록색 글씨로 새로 칠한 문구는 이러했다. "삶은 살 가치가 있습니다LIFE IS WORTH LIVING."

많은 사람에게 삶의 가치는 결코 의문의 대상이 아니다. 삶의 가치는 절대로 대화나 논쟁의 주제가 되지 않는다. 우리는 삶을 살지 못할 때까지 그저 살 따름이다. 그러나 그날 질문 하나가 나

를 괴롭혔고, 그 질문은 계속 나를 따라다닌다. 삶의 가치가 그토록 자명하다면, 왜 애당초 그 표지판이 설치되었을까? 나도 잘 알지만, 왜냐하면 신속하고 치명적인 아래로의 여행을 고민하며 다리의 꼭대기에 서는 사람이 가끔 있기 때문이다. 제임스는 심각한 우울과 싸운 1870년으로부터 몇십 년이 흐른 후에 벤저민 블러드에게 이렇게 썼다. "자살할 생각을 품어본 적 없는 사람은 학식 있는 사람이 아니네."[1]

나로서는 놀랍고 기쁘게도 브루클린 다리 위 보도는 텅 비어 있었다. 나는 홀로 경치를 감상했다. 최대 높이가 약 84미터에 달하는 그 다리는 한때 산업계의 7대 기적 중 하나로 꼽혔다. 노동자 스무 명의 목숨을 앗아간 건설 과정은 1883년에 완료되었다. 그 다리에서 떨어진 것이 아니라 뛰어내린 최초의 인물은 로버트 오들럼이다. 그는 공기 속에서의 고속 낙하가 반드시 치명적이지는 않음을 증명하고자 했다. 그는 사망했다. 다음 세기에 약 1500명이 오들럼의 뒤를 이었다. 보름마다 한 명씩 브루클린 다리에서 이스트강으로 뛰어내려 목숨을 끊는다. 앞서 언급한 표지판이 얼마나 많은 사람을 살리는지 나는 확실히 모르지만, 그 수는 가련할 정도로 적을 것 같다.[2]

다리의 꼭대기에서 본 풍경은 아찔했다. 나는 멀리 항구에 서 있는 '자유의 여신상'을 바라보다가 다시 윌리엄 제임스가 성장한 맨해튼으로 눈길을 돌렸다. 소름 끼치는 자유가 느껴졌다. 시간이 양쪽으로 끝없이 뻗어가는 가운데, 어느 순간 삶과 죽음을 선택한다는 것. 성년기 대부분의 시간 동안 제임스를 읽었음에도 나에게 이 자유는 여전히 매혹적이다. 앞으로도 늘 그러하리라고 생각한다. 프래그머티즘이 당신의 삶을 구원할 수도 있겠지만 영원히 구원하는 일은 결코 없을 것이다. 프래그머티즘은 끝내 경험들과 태도, 사물, 사건 들에 (비록 비극적 사건이라 하더라도) 충실히 대처하는 철학이다. 제임스는 종종 아르투어 쇼펜하우어의 비관주의를 깎아내렸지만(제임스는 그 독일 철학자에게 일말의 경의도 표하지 않았다) 그의 유고는 인간 실존의 음울함을 똑바로 응시하려 한 그 단호한 사상가에 대한 깊은 존경심을 드러낸다. 임박한 어둠을 잔혹하게 마주하는 쇼펜하우어의 태도에는 용기라고 할 만한 점이 있었다.

제임스의 생각을 반영하려면, 브루클린 다리 바닥의 표지판은 문구를 바꾸거나 최소한 다음과 같이 수정해야 한다. "삶은 살 가치가 있습니다. **어쩌면** LIFE IS WORTH LIVING—MAYBE." 1895년, 제임스는 케임브리지 YMCA의 젊은이들을 대상으로 한 강연에서 이렇게 말했다. "사는 사람에게 달렸습니다."[3] 삶을 가지고 '무엇을 할지'는 우리 각자에게 달렸다. 요새 나는 높은 곳에서 아래를 내려다볼 때면 현기증을 느끼는 것에 더하여 거의 늘 스티븐 로즈를 떠올린다. 그는 2014년 4월에 윌리엄제임스홀에서 투신한 젊은 아프리카계 미국인 남성이다.[4] 어쩌면 제임스의 '어쩌면'이 그를 구할 수 있었을지도 모른다. 그의 삶의 책임자는 여전히 그 자신이라는 권고, 삶을 아예 끝내겠다는 결정이 합당하고 심지어 존중할 만할 수도 있겠지만 계속 살아갈 가능성도 마찬가지라는 권고. 바로 거기에 가능성이 있었다. 심지어 삶의 비루함과 분노 안에도 여전히, 항상. 그리고 그는 가능성을 탐사해야 했다. 어쩌면 그는 자신이 할 수 있는 유일한 자유로운 결정은 죽음을 선택하는 것이라고 생각했을 것이다. 그러나 제임스는 언제나 다른 선택지들이 있을 수 있다고 제안했다.

대다수 사람들에게 자유의지는 다양한 방식으로 발휘될 수 있으며, 자살이 반드시 그 방식에 포함되어야 하는 것은 아니다. 또 많은 사람들은 새로운 생각과 행동의 습관을 들이는 쪽을 선택할 수 있다. 심지어 모든 것을 잃었을 때도 그러하다. 유의미한 자유가 이해하기 어렵고 비현실적으로 느껴지더라도, 우리 대다수는 여전히 무엇을 보고 무엇을 간과할지 선택할 수 있다. 간과하기도 가치 있는 행동일 수 있다. "무엇을 간과할지 아는 것은 지혜로운 사람의 솜씨다"[5]라고 제임스는 일깨웠다. 어쩌면 이 가능성들이 스티븐 로즈를 더 오래 살게 할 수 있었을지도 모른다. 또 어쩌면 그럴 수 없었을지도 모른다. 나는 어느 쪽으로도 생각을 몰아가고 싶지 않다.

내가 생각하기에 다리 위에서 자살을 고민하는 사람들을 뛰어내리게 만드는 확실한 방법은 그들은 모르는 무언가를 당신이 안다고 나서는 것이다. 삶은 절대적 가치가 있으며 그들은 그토록 명명백백한 것을 못 보고 있다고 타이르며 나서면 된다. 난간 앞에 선 그들은 이러한 단언에서 심층적인 불안이나 오만을 감지할 것이라고 나는 생각한다. 그리고 그들은 단지 당신이 틀렸음을 증명하기 위해 뛰어내릴지도 모른다. 그러면 실제로 당신이 틀리게 될 테니까 말이다. 〈인간 안의 어떤 맹목성에 관하여〉에서 제임스는 독자들에게 마지막 당부로 이렇게 일깨운다. 여러분은 타인들이 그들 자신의 삶의 의미를 어떻게 경험하는지 전혀 모를 때가 많다. 그럴 때는 그냥 '어쩌면'에 머무르는 편이 더 낫다.

한껏 기울어진 햇살이 도시의 풍경을 쓰다듬는 동안 나는 강물 건너편을 바라보았다. 밤이 오고, 무수한 별이 또 한 번 무수한 전기 조명과 경쟁할 것이다. 단기적으로는 필시 전기 조명이 승리할 것이다. 무한정 긴 시간을 고려하면, 별들이 승리할 것이 거의 틀림없다. 이 양극단 사이의 일은 아무도 확실히 예견할 수 없다. 현재 나는 제임스의 '어쩌면', 즉 삶의 가치에 관한 질문을 열어놓는 것이 옳다고, 혹은 적어도 나에게는 옳다고 믿는다. 왜냐하면 그 표현이, 삶의 가치를 늘 전적으로는 확신하지 않는 사람으로서 나의 실존적 상황을 잘 담아내기 때문이다. 또 그 표현은 우주라는 열린 질문과 어울리기에, 나는 옳다고 생각한다. 가장 작은 진핵 생물부터 가장 복잡한 유기체에 이르기까지 모든 생물은 저마다 나름으로 추측하고 또 추측하며 살아간다. 그 추측은 우리 인간이 '추론'이라고 부르는 것의 원초적 단계다. 좋은 추측이 없다면, 적응이나 성장 따위는 없을 것이며, 우리에게 의미 따위는 없을 것이다. 퍼스의 뒤를 이어 제임스는 세계는 가설들로, '어쩌면들maybes'로 가득 차 있고, 그 '어쩌면들'이 온갖 다양한 형태의 삶을 가능케 하고 우리 삶을 가치 있게 만든다고 믿었다. 제임스가 보기에 별들은 완벽한 질서 속에서 타오르지 않으며 완벽한 질서 속에서 떠오르는 것은 더더욱 아니다. 인간의 삶은 미리 정해져 있지 않다.

제임스가 가장 좋아한 글 중 하나인 에머슨의 에세이 〈원들 Circles〉에 나오는 말마따나, 제임스의 한결같은 태도는 "나는 내가 한 명의 실험자일 뿐임을 독자에게 상기시키고자 한다"[6]라는 것이다. '어쩌면'은 변함없이 남는다. 혹은 '어쩌면'이 변함없을 수 있는 만큼까지, '어쩌면'은 변함없이 남는다. 이것이 최선이다. 변함없는 '어쩌면'이 우리에게 관찰하고 예측하고 경험할 무언가를 제공한다. 끊임없는 변화는 끊임없는 경이감을 낳고, 이 수수께끼, 즉 이 우연의 느낌은 다른 실천적 방안들이 쓸모없을 때도 흔히 제임스를 견뎌내게 해주기에 충분했다. 원숙해진 제임스는 《종교적 경험의 다양성》에서 이렇게 단언했다. "인간의 본성에서 가장 특징적인 사실은 기꺼이 우연에 기대어 살고자 한다는 것이다. 으뜸음이 포기인 삶과 으뜸음이 희망인 삶의 차이는 우연의 존재가 만들어낸다."[7]

다리 위에서 아래의 강물로 물건을 떨어뜨리면, 물건은 파문을 일으키면서 곧바로 사라진다. 그냥, 사, 라, 진, 다. 사라졌음을 뜻하는 영어 'gone'은 죽었음을 뜻하는 'dead', 운명을 뜻하는 'fate', 잃어버렸음을 뜻하는 'lost'와 마찬가지로 네 철자로 이루어졌다. 당신이 아무리 필사적으로 애쓰더라도, 그 물건을 되찾거나 보존할 가망은 없다. 여러 해 동안 나는 소중한 무언가를, 열쇠나 아이폰보다 훨씬 더 소중한 무언가를 깊은 물속에 빠뜨려 잃어버리면 기분이 어떨지 자주 상상했다. 작은 물건을 빠뜨렸다면, 일부라도 건져내 보존할 가망은 거의 없을 것이다. 나는 온갖 것을 빠뜨리는 상황을 상상했다. 열쇠, 아이폰, 지갑, 인간관계, 삶. 어쩌면 모든 것이 아무 흔적 없이 사라질 것이다. 일부 철학자는 이 설명에 더없이 만족할 것이다. 만물은 사라지는 중이며 우주 역사의 끝에는 아무것도 남지 않을 거라면서 말이다. 나는 그런 철학자가 아니다. 윌리엄 제임스도 그런 철학자가 아니었다. 이 운명론fatalism은 제임스의 '어쩌면'에 반하며, 내가 보기에 삶에서 배제하기 어려운 희망에 반한다.

얕은 강가에 가서 돌멩이나 핸드폰 같은 물건을 강물 속으로 던져보라. 바람 없는 저녁이라면, 물건이 강바닥에 닿는 순간에도 잔물결은 여전히 움직이고 여전히 퍼져나간다. 물건이 수면에 닿는 순간에 일어난 교란은 가장 먼저 사라지지만, 그 사건의 귀결들은 비록 사라지면서도 동심원을 그리며 퍼져나간다. 강폭이 좁고 둔덕이 가파르다면, 물결은 강변에서 반사하여 다시 반대 방향으로 나아갈 것이다. 우리가 그 작은 물결들을 느낄 수 있는지 여부와 상관없이, 그것들은 실재한다. 그렇게 무언가 남는다.

에머슨이 〈원들〉에서 설명한 바에 따르면, "우리의 삶은 모든 원 각각을 둘러싼 또 다른 원을 그릴 수 있다는 진실을 배우는 수습修習 과정이다."[8] 그 에세이가 출판되고 50년 뒤에 제임스는 《심리학의 원리》를 완성했다. 이 책에서 제임스는 동심원들에 빗댄 자아 모델을 제시했다. 중심에는 '물질적 자아', 곧 우리의 몸과 물질적 자산이 있다. 이것은 흔히 우리 삶의 가장 구체적 면모로 간주되지만, 제임스에 따르면, 가장 피상적인 면모이기도 하다. 일반적으로 우리는 제임스가 '사회적 삶'이라고 부르는 그 다음 원을 위하여 물질적 재산을 기꺼이 포기할 것이다. '사회적 삶'이란 우리가 친구, 가족, 소중한 사람 들에게서 받는 인정이다. 마지막으로 '지적·도덕적·종교적 열망' 안에서 추구되고 경험되는 '영적 자아'가 있다고 제임스는 설명한다.[9] 이것은 자아의 가장 확장된 면모, 가장 멀리까지 도달하지만 우리 다수에게는 가장 미묘하고 쉽게 등한시되는 면모다. 이 물결은 설령 뚜렷이 감지되거나 표현되지 않더라도 중요하다.

생애의 마지막 10년 동안, 제임스는 인간이 만물의 척도라 하더라도 모든 척도를 능가하는 실재가 존재할지도 모른다고 주장하기 시작했다. 철학은 실험적이어야 했다. 그러나 1907년에 제임스는 이렇게 주장했다. "개인적으로 나는 인간의 경험이 우주에 존재하는 최고 형태의 경험이라는 것을 확고하게 불신한다."[10] 물결은 퍼져나가고 물가에서 반사하여 잔잔히 되돌아온다. 때때로 우리는 그 물결을 느낀다. 드문 경우에 우리는 오로지 그 물결만 느낀다. 제임스에 따르면, 조금이라도 자주 그 물결을 깊이 느낄 수 있는 사람은 대단한 인물이다. 제임스는 1901년에 에든버러 대학교에서 자연신학을 다루는 '기퍼드 강의Gifford Lectures'를 하면서 그런 특별한 유형의 개인에게 깊이 관심을 기울였다. 그 강의 시리즈는 이듬해에 《종교적 경험의 다양성》으로 출판되었다.

제임스는 교회에 전혀 다니지 않았다. 대체로 그는 제도적 종교나 영적 자아의 교조적 측면에는 관심이 없었다. 그는 늘 경험과 삶에 관심이 있었으며 말년에는 경험과 삶의 종교적 가능성을 본격적으로 숙고하기 시작했다. 《종교적 경험의 다양성》에서 그는 그 가능성들을 제한하는 데 반대하며 이렇게 주장했다. "종교적 삶을 최대한 광범위하고 일반적인 방식으로 특징지으라는 요청을 받는다면, 종교적 삶이란 보이지 않는 질서가 존재한다는 믿음과 우리의 최상의 좋음은 우리 자신을 그 질서에 조화롭게 맞추는 것이라는 믿음으로 이루어진다고 말할 수 있을 것이다."[11] 이 같은 보이지 않는 질서에 맞추기는 여러 형태로 이루어질 수 있으며 결코 특정한 교회나 불교 사원, 이슬람 사원에서만 이루어지는 것이 아니었다. 실제로 제임스는 보이지 않는 질서와의 조화를 모든 곳에서 탐색했고 그 결과로 《종교적 경험의 다양성》을 썼다. 비가시적 영역을 탐험하면서 그는 실험적으로 향정신성 약물을 사용하기도 했지만, 현대인들이 한낱 돌팔이 짓으로 보며 배척하는 영적 영역에도 발을 들였다. 오늘날에는 무엇인가 완전히 명확하게 보이지 않을 경우, 그것이 전혀 보이지 않는다고 단언하는 것이 가장 손쉬운 대응인 듯하다.

연로한 아버지와 어린 아들이 채 1년도 안 되는 간격으로 사망했을 때, 제임스와 그의 아내 앨리스는 망자들과의 접촉을 시도했다. 9월에 제임스는 영혼을 불러오는 재주로 보스턴의 유명인이 된 영매 리어노라 파이퍼Leonora Piper를 방문했다. 그는 파이퍼에게 의심을 품었지만 자신이 '보통을 뛰어넘는 권능'[12]이라고 부른 것을 그 여자가 지녔을 수도 있다고 결론지었다. 제임스는 늘 그랬듯이 여전히 철저한 경험주의자였으므로 그 권능을 더 면밀하게 검증하고 싶었다. 운 좋게도 정확히 그런 연구에 전념하는 신생 단체가 존재했다. 바로 제임스가 그 단체를 창립했다. '미국심령연구협회The American Society for Psychical Research'는 1885년에 보스턴에서 창립되었다. 협회의 사명은 '보통을 뛰어넘는' 모든 것을 탐구하는 것이었다. 이 단체는 미치광이들의 조직은 아니었으나, 완전히 정상적이지도 않았다. 공동 창립자 중 한 명인 G. 스탠리 홀G. Stanley Hall은 박사 학위를 위한 연구를 제임스와 함께하려고 1870년대 후반에 하버드로 와서 미국 최초의 심리학 박사 학위를 받았다. 홀은 제임스의 지원을 받으며 영혼 접촉, 수맥 탐지 막대, 텔레파시 등의 가능성을 탐구할 연구자들을 끌어모았다. 그들은 신비주의자 및 강령회 참가자와의 인터뷰에 수천 시간을(전혀 과장하지 않은 수치다) 할애했다. 1890년에 홀은 초심리학parapsychology은 결국 사이비 과학이라고 결론짓고 그 단체에서 이미 탈퇴한 상태였다. 그러나 제임스와 그의 가까운 친구인 의사 헨리 보디치를 비롯한 다른 사람들은 20세기가 밝은 뒤에도 그 단체를 유지했다. 1909년에 제임스는 25년에 걸친 심령 연구를 이렇게 회고했다.

> 때때로 나는, 자연의 이 부분이 수수께끼로 남아 우리의 호기심과 희망과 의심을 동등한 수준으로 일으키기를, 그리하여 유령과 투시력과 영혼으로부터 오는 두드림과 메시지가 늘 존재하는 듯하고 결코 완전히 해명될 수 없더라도 그것들이 완전한 확증을 허용하는 일도 절대로 있을 수 없기를, 창조주가 영구히 의도했다고 믿고 싶었다.[13]

자연은 감추기를 몹시 좋아한다. 제임스를 비롯한 인간들은 찾아내기를 몹시 좋아한다. 거듭 당황하면서도 (어쩌면 그런 당황스러운 경험 때문에) 제임스와 동료 연구자들은 조심스럽지만 뚜렷하게 희망을 유지했다. 당대의 심령 연구자 대다수와 달리 미국심령연구협회의 회원들은 발견한 결과를 문서로 기록하고 출판했다. 어떤 의미에서든 결론에 접근한 문서는 하나도 없지만, 그 문서들은 과학의 경계를 넓히고 과학이 완전히 설명할 수 없는 영역을 탐구하는 데 기여했다. 이 기록은 회원들과 가까운 지인들을 위한 《심령 연구 협회 저널Journal of the Society for Psychical Research》과 일반 대중을 겨냥한 《미국심령연구협회 회보

Proceedings of the American Society for Psychical Research》로 출판되었다. 나는 이 문헌들을 볼 때마다 그 규모에 놀란다. 쪽수가 총 1만 페이지가 넘는다. 호기심과 의심 사이 어딘가에는 희망이 깃들어 있었다.

제임스가 심령 연구를 시작했을 때, 그는 생리학 분야에서 확고한 지위에 올라 있었다. 그러나 해부학자들의 사실적·객관적 연구 방법은 인간 본성의 이해에 필수적인 무엇을 간과하고 있었다. 제임스가 보기에, 중요한 무엇이 빠져 있었다. 즉, 인간은 지각과 신경 반응의 꾸러미에 불과하지 않으며, 흔적 없이 사라질 수 있는 신체에 불과하지도 않다고 느끼는 감각이 빠져 있었다. 제임스는 우리의 물리적 삶의 제약들로부터 자유로운 영묘靈妙하고 초월적인—심지어 유령 같은—어떤 것이 존재하기를 바랐다. 그 '어떤 것'이 의식의 변두리에 출몰하는 것을 우리가 가끔 느낄 수 있다고 제임스는 평생에 걸쳐 여러 번 주장했다. 늦어도 59세였던 1901년에도 그는 이렇게 말했다. "잠재의식subliminal이라는 일반적 문제는… 심리학의 중대한 문제 중 하나, 어쩌면 가장 중대한 문제가 될 기미가 있다고 나는 진지하게 믿는다."[14]

'잠재의식'은 흔히 '무의식unconscious'의 동의어로 쓰이지만, 이는 그릇된 어법이다. 잠재의식이란 의식의 문턱 바로 아래에서 일어나는 정신적 과정이며 완전히 드러나지 않아도 느낄 수 있을 때가 많다. 그럴 때 우리가 얻는 것은 그저 힌트 하나, 순간적인 '어쩌면'이 전부지만, 보통 그것만으로도 무언가를 알았다고 판정하기에 충분하다. 적어도 그 순간에는 말이다. 마치 빗맞은 펀치와도 같은 이런 경험은 제임스의 《종교적 경험의 다양성》의 중심에 놓여 있다. 종교적 경험은 다양한 형태로 발생한다. 그 형태가 하도 많아서, 종교적 경험의 존재를 관심 밖으로 밀쳐놓을 수 없을 정도다. 올리버 웬들 홈스Oliver Wendell Holmes는, 제임스는 방 안에서 기적이 일어날 수 있도록 방의 조명을 어둡게 할 사람이라고 우스갯소리를 한 적 있는데, 나는 이 우스갯소리에 진실의 한 자락이 들어 있다고 생각한다. 제임스는 본 적 없는 것을 경험할 준비와 적극성을 항상 확실히 갖추고 있었다. 조명을 어둡게 하면, 당신의 눈동자는 더 많은 빛을 받아들이기 위해 확장된다. 나는 그런 제임스를 비난할 수 없다. 어두운 조명 아래에서 우리는 어쩌면 우리가 무엇을 볼 수 있는지 자각하며 놀랄 것이다. 그리고 어쩌면 그것은 어엿한 기적일 수 있다. 세속적인 회의주의자에게는 그것이 기꺼이 시도하고 겪을 만한 최대의 종교적 경험일 수도 있을 것이다. 그것은 현재 안에 깊이 머무르는 경험, '잠시 거주하는' 경험이다.

그러나 《종교적 경험의 다양성》에서 제임스는 조금 더 멀리, 조금 더 깊이 나아간다. 조명을 아주 어둡게 하면, 사물들이 더 선명하게 보일 때가 종종 있다. 제임스는 그런 현상을 서술하면서, 그것은 진정으로 '신비한mystical' 현상이라고 할 수밖에 없다고 주장했다. 《종교적 경험의 다양성》에서 제임스는 어느 성직자가 경험한 '황홀한 시간'을 이렇게 전한다. "밤의 완전한 고요를 더 엄숙한 적막이 전율케 했다. 어둠이 한 존재를 감쌌고, 그 존재는 보이지 않기 때문에 오히려 더 잘 느껴졌다. 나는 내가 있다는 것보다 '그HE'가 있다는 것을 더 깊이 의심할 수 없었다. 아니, 만약에 둘 중에 덜 실재하는 것이 있다면, 그것은 나 자신이라고 느꼈다."[15] 그 성직자에 따르면 '그HE'는 의심의 여지 없이 유대교-기독교의 신이었다. 그러나 이 존재를 무엇이라고 부르는지는 제임스에게 거의 무의미하다. '그'에 해당하는 영어 'he'는 아주 오래된 단어, 젠더와 섹스보다 더 오래된 단어이며 '이 여기this here'를 뜻한다. '이 여기'는 보이지 않았기 때문에 오히려 더 잘 느껴졌다. 제임스에게, 또 벤저민 블러드를 비롯한 동료 신비주의자들에게 이 이야기는 지속적으로 위안을 주었다. 독일 신비주의자 노발리스는 이렇게 썼다. "우리는 가시적인 것보다 비가시적인 것과 더 밀접하게 연결되어 있다."[16] 이것도 하나의 가능성이고, 제임스풍의 프래그머티스트는 이 가능성을 즐겨 고려한다.

브루클린 다리가 건설되기 전인 제임스의 시대에는 연락선이 승객을 한쪽 강기슭에서 반대쪽으로 실어 날랐다. 그 연락선을 월트 휘트먼도 자주 이용했다. 휘트먼은 제임스가 오랫동안 우러러본 영웅 중 한 명이다. 그는 제임스가 《종교적 경험의 다양성》에서 서술하는 포용력 있는 '건강한 정신'의 화신이었다. 제임스는 가끔 애디론댁산맥에서 도보여행을 하거나 신비주의자들의 증언을 들을 때 숭고한 것이나 종교적인 것을 느꼈지만, 휘트먼은 그런 것들을 일상다반사로 느낄 수 있었다. 심지어 대다수 사람들이 퍽 짜증스러워할 만한 지저분한 연락선 안에서도 마찬가지였다. 휘트먼은 그 연락선을 타는 일이 짜증스럽지 않았다. 시집 《풀잎Leaves of Grass》에 실린 작품 〈강을 건너는 브루클린 연락선Crossing Brooklyn Ferry〉에서 그는 연락선에서 본 장관을, 자연에 대한 경험과 인파에 대한 경험을 묘사했다. 두 경험 모두 설명할 수 없고 희망차며 한 사람만의 것이 아니었다.

> 다른 이들이 연락선 입구로 들어가 기슭에서 기슭으로 건너갈 것이다.
> 다른 이들이 밀물의 흐름을 구경할 것이다.
> 다른 이들이 맨해튼 북쪽과 서쪽에 뜬 배들과 남쪽과 동쪽의 브루클린 고층 건물들을 볼 것이다.
> 다른 이들이 크고 작은 섬들을 볼 것이다.
> 지금으로부터 50년 후, 다른 이들이 강을 건너며 그것들을 볼 것이다. 해가 떨어지기 반 시간 남았을 때.
> 지금으로부터 100년 후, 심지어 몇백 년 후, 다른 이들이 그것들을 보며
> 일몰과 밀려드는 밀물과 바다로 빠져나가는 썰물을 즐길 것이다.
> 상관없다. 시간과 장소의 거리는 상관이 없다.[17]

제임스는 이 시를 읽고 또 읽었다. 이것은 기적이었다. 둘러볼 것이 넘치도록 많았다. 휘트먼의 상상은 (제임스의 표현을 빌리면) '우리의 호기심과 희망과 의심을 일으키기에'[18] 충분했다. 세계는 때때로 겉모습과 똑같지 않다. 아니, 세계는 겉모습과 똑같은 때가 절대로 없다. 지저분한 연락선 타기는 한낱 지저분한 연락선 타기 이상일 수 있다. 무언가 더 있다. 최소한, 더 있을 수 있다. 휘트먼의 경험은 일종의 종교적 경험이었다. 그 경험은 대다수 사람들이 세계를 경험하는 방식과 사뭇 다르다. 〈강을 건너는 브루클린 연락선〉을 음미하면서 제임스는 이렇게 설명한다.

> 당신이 아는 평범한 브루클린 거주자나 뉴욕 시민이 엄청난 사치로 충만한 삶을 살거나 개인적 사정 때문에 지치고 수심에 가득 차서 연락선으로 강을 건널 때, 혹은 브로드웨이를 걸을 때, 그의 상상은 휘트먼의 상상처럼 '석양의 색깔들 속으로 날아오르지' 못한다. 또 그 평범한 사람은 자신의 시선이 완전히 무심하게 가로지르는 시야 안에 구현된 것보다 더 많은 본질적 신성함 혹은 영원한 의미를 이 세계가 언제 어디에서도 결코 보유한 적 없음을 내면적으로 깨닫지 못한다.[19]

그러나 꼭 무심해야 하는 것은 아니다. 고맙게도 그렇게 강을 건너는 시간과 그밖에 시간을 보내는 다른 방법들이 있다. 밀물과 썰물은 끊임없이 들고 난다. 그리고 제임스는 밀물과 썰물의 순환에서 (심지어 프래그머티스트도) 가끔 안정감을 느낄 수 있다고 주장한다. 그런 순간에 우리는 제임스가 말하는 의미에서 '종교적'이 될 기회를, "종교인은 알지만 다른 이들은 모르는 정신 상태에 진입할 기회를 얻는다. 즉, 우리 자신을 주장하고 우리의 소유를 움켜쥐려는 의지가 기꺼이 입을 다물고 신의 홍수와 물기둥 속에 아무것도 아닌 자로서 잠기려는 의향으로 대체된 정신 상태에 진입할 기회 말이다. 이 정신 상태에서는 우리가 가장 두려워한 것이 우리의 안전한 거처가 된다."[20]

나는 다시 '자유의 여신상'을 바라본 다음, 고개를 숙여 물을 내려다보았다. 정말로 해가 지고 있었고, 나는 휘트먼과 제임스가 우리에게 바란 방식대로 눈앞의 광경을 보려 애썼다. 꽤 긴 시간이 흐른 듯했다. 더도 덜도 아니라, 나에게 여전히 기회가 있음을 기뻐하기에 딱 충분할 만큼 긴 시간이.

감사의 말

이 책은 《미국철학: 러브스토리》를 쓸 때 처음 다루었던 여러 주제를, 그 러브스토리가 깨졌음에도 (어쩌면 깨진 뒤여서 특별하게) 다시 숙고할 기회, 개인적으로 의미심장하지만 똑바로 마주하기 벅찬 기회였다. 또한 삶의 가치는 사는 사람에게 달렸으며, 인간은 자유와 사랑과 상실이 있는 세계에서 가장 활기차게 산다는 제임스의 주장을 다시 한번 탐구할 기회이기도 했다. 가드레일이나 명확히 표시된 등산로는 없다. 그리고 결국 어쩌면 이것이 최선일 것이다.

내가 이 책을 완성하려 애쓰는 동안 나의 아픈 영혼을 참을성 있게 대해 준 캐시에게 감사한다. 20년 동안 나의 삶과 미국철학 공부, 특히 윌리엄 제임스에 관한 공부를 이끌어준 더글러스 앤더슨에게 감사하고 싶다. 콰인은 한때 하버드 대학교 동료였으며 《내면의 아침》의 저자인 헨리 벅비가 '성찰하는 삶의 궁극적 모범'이었다고 말한 바 있다. 나는 이 모범의 목록에 더글러스를 추가하고 싶다. 그를 선생이자 친구로 부를 수 있다는 것이 진심으로 고맙다.

나는 산타페 연구소에서 '밀러 학자Miller Scholar'로서 빌 밀러와 연구소장 데이비드 크라카우어의 후한 지원을 받으며 이 책을 썼다. 편집을 맡은 롭 템피오와 맷 로얼에게, 그리고 집필의 여러 단계에서 원고를 꼼꼼히 읽어준 나의 출판대리인 마커스 호프먼에게 감사한다. 알렉스 카프카, 피터 캐터페이노, 샘 드레서를 비롯한 여러 편집자가 일부 원고의 초기 버전을 작성하는 일에 기여했다.

주

서문 : "삶이 역겨워질 때"

1. Ralph Barton Perry, *The Thought and Character of William James* (Atlanta : Vanderbilt University Press, 1935), 1 : 119.
2. Image discussed at length in Howard Feinstein, *Becoming William James* (Ithaca, NY: Cornell University Press, 1984), 250. Discussed in John Kaag, *American Philosophy: A Love Story* (New York: Farrar, Straus and Giroux, 2016), 32.
3. William James, *The Varieties of Religious Experience* (Boston: Longmans, Green, and Company, 1902), 169.
4. Cited and excerpted from John Kaag, "Madness and Civilization in Cambridge," *The Towner Magazine*, March 10, 2016, http://www.thetowner.com/madness-civilization-harvard/.
5. William James, " The Sentiment of Rationality," in *The Will to Believe and Other Essays in Popular Philosophy* (Cambridge: Cambridge University Press, 2014), 62.
6. Madeline R. Conway and Steven S. Lee, "Alumnus Jumps to His Death from William James Hall," *Harvard Crimson*, February 7, 2014, https://www.thecrimson.com/article/2014/2/6/william-james-grad-death/. Cited and excerpted from Kaag, "Madness and Civilization in Cambridge."
7. William James, *Is Life Worth Living?* (Philadelphia: S. Burns, 1897), 9.

1장 : 결정론과 절망

1. Statistics from "Suicide Statistics," American Foundation for Suicide Prevention, last accessed October 29, 2018, https://afsp.org/about-suicide/suicide-statistics/.
2. Henry James Sr., *The Literary Remains of the Late Henry James*, ed. William James (Boston: Houghton Mifflin Co., 1884), 62.
3. Ibid.
4. Henry James Sr., *A Small Boy and Others*, ed. Peter Collister (Charlottesville: University of Virginia Press, 2011), 173.
5. Ibid., 27.
6. William James, "To Henry James Sr.," *Selected Letters of William James* (New York: Farrar, Straus and Cudahy, 1961), 9.
7. Albert Camus, *The Myth of Sisyphus*, trans. Matthew Ward (New York: Vintage, 1991), 12.
8. *The Blue-Eyed Child of Fortune: The Civil War Letters of Colonel Robert Gould Shaw*, ed. Russell Duncan (Athens: Uni-versity of Georgia Press, 1992), 29.
9. Ralph Barton Perry, *The Thought and Character of William James* (Atlanta: Vanderbilt University Press, 1996), 203.
10. Louis Menand, *The Metaphysical Club* (New York: Farrar, Straus and Giroux, 2002), xi.
11. William James, *The Moral Equivalent of War and Other Essays* (New York: Harper Row, 1971), 31.
12. Cited in Perry, *Thought and Character of William James*, 67.
13. Cited in Paul Croce, *The Young William James Thinking* (Baltimore: Johns Hopkins University Press, 2018), 50.
14. William James, "To H. G. Wells. September 1, 1906," in *The Letters of William James* (Boston: Atlantic Monthly Press, 1920), 2:260.

15. Arthur Schopenhauer, *Studies in Pessimism*, trans. T. Bailey Saunders (London: Swan Sonnenschein, 1892), 13.
16. James, "To His Father. June 3, 1865," in *Letters of William James*, 1:47.
17. James, "To His Parents. April 21, 1865," in *Letters of William James*, 1:58.
18. For a detailed analysis of James's Stoic background and reading, in addition to this quotation, see Robert Richardson, *William James: In the Maelstrom of American Modernism* (Boston: Houghton Mifflin, 2006), 79.
19. William James, "The Dilemma of Determinism," in *The Will to Believe and Other Essays in Popular Philosophy* (Cambridge: Cambridge University Press, 2014), 117.
20. Josiah Royce, "William James and the Philosophy of Life," in *William James and Other Essays on the Philosophy of Life* (New York: Macmillan, 1911), 12–13.
21. William James, "Huxley's Comparative Anatomy," *The North American Review* 100 (1865): 295. Also discussed at length in John Kaag, *American Philosophy: A Love Story* (New York: Farrar, Straus and Giroux, 2016), 79.
22. James, "A Letter to His Father. September 5, 1867," in *Letters of William James*, 1:95.
23. Schopenhauer, *Studies in Pessimism*, 25.
24. Friedrich Nietzsche, *Beyond Good and Evil*, trans. Helen Zimmern (New York: Macmillan, 1907), 98.
25. Martin Buber, "The Man of Today and the Jewish Bible," in *The Martin Buber Reader: Essential Writings*, ed. Asher Biemann (New York: Springer, 2002), 57.
26. James, "Dilemma of Determinism," 153.
27. Discussed at length in Louis Menand, "William James and the Case of the Epileptic Patient," *New York Review of Books*, December 17, 1998, https://www.nybooks.com/articles/1998/12/17/william-james-the-

case-of-the-epileptic-patient/. William James, *The Varieties of Religious Experience* (Boston : Longmans, Green, and Company, 1902), 160.

28. James, *Varieties of Religious Experience*, 160.
29. Ibid.
30. Ibid.
31. Ibid., 158.
32. Jean-Paul Sartre, *The Diary of Antoine Roquentin*, trans. Lloyd Alexander (London : Lehman, 1949), 17.
33. James, *Varieties of Religious Experience*, 162.
34. Ibid.
35. Ibid., 117.

2장 : 자유와 삶

1. William James, *The Varieties of Religious Experience* (Boston : Longmans, Green, and Company, 1902), 146.
2. Ibid., 164.
3. Ibid.
4. This quote is often attributed to James, but the source remains unknown.
5. John Muir, *The Athenaeum*, January 18, 1895, 77.
6. Ibid.
7. This passage is discussed often by commentators. Cited in Gerald Myers, *William James : His Life and Thought* (New Haven, CT : Yale University Press, 1986), 46; John Kaag, *American Philosophy : A Love Story* (New York : Farrar, Straus and Giroux, 2016), 137.
8. Ralph Barton Perry, *The Thought and Character of William James* (Atlanta : Vanderbilt University Press, 1996), 153.

9. Translated and cited in Alexander Gunn, "Renouvier: The Man and His Work," *Philosophy* 7, no. 26 (1932): 185–200, 190.

10. William James, " To H. G. Wells. September 1, 1906," in *The Letters of William James* (Boston: Atlantic Monthly Press, 1920), 1:147.

11. Cited and discussed in Robert Richardson, *William James: In the Maelstrom of American Modernism* (Boston: Houghton Mifflin, 2006), 148.

12. William James, "Renouvier's Contribution to the *La Critique Philosophique* (1873)," in *Essays, Comments and Reviews* (Cambridge, MA: Harvard University Press, 1987), 266.

13. James, " To Henry James Sr.," in *Letters of William James*, 1:169.

14. William James, "My Dear Harry. May 25 1873," in Perry, *Thought and Character*, 342.

15. William and Henry James, "April 1874," in *William and Henry James: Selected Letters*, ed. Ignas K. Skrupskelis and Elizabeth M. Berkeley (Charlottesville: University of Virginia Press, 1997), 95.

16. William James, " The Sentiment of Rationality," in *The Will to Believe and Other Essays in Popular Philosophy* (Cambridge, MA: Harvard University Press, 1979), 77.

17. Friedrich Nietzsche, *The Gay Science*, trans. Josefine Nauhoff (New York: Cambridge University Press, 2001), 6.

18. Cited in Susan Gunter, *Alice in Jamesland* (Lincoln: University of Nebraska Press, 2009), 29.

19. Meaningful context for this correspondence is provided in Richardson, *William James*, 171.

20. Cited in Paul Fisher, *House of Wits: An Intimate Portrait of the James Family* (New York: Holt, 2008), 326.

21. Cited in Linda Simon, *Genuine Reality: A Life of William James* (New York: Harcourt, 1998), 159.

22. Johann Wolfgang von Goethe, *Faust*, trans. John Anster (New York : Dodd, Mead and Company, 1894), 28.

23. James, " The Will to Believe," in *Will to Believe*, 23.

24. Ibid.

25. Thomas Merton, *Love and Living* (New York : Harcourt Books, 1979), 47.

26. Robert Frost, "Notebook 4," in *The Notebooks of Robert Frost*, ed. Robert Faggan (Cambridge, MA : Harvard University Press, 2006), 49.

27. James, "Child to Lowell," in *Letters of William James*, 1 : 140.

3장 : 심리학과 건강한 정신

1. William James, "James to Alice," in *The Letters of William James* (Boston : Atlantic Monthly Press, 1920), 1 : 142.

2. Aristotle, *Nichomachean Ethics*, 1131b.

3. William James, *The Principles of Psychology* (New York : Henry Holt, 1890), 1 : 104.

4. Ibid., 1 : 105.

5. Ibid.

6. Cited and discussed in Georg Striedter, *Neurobiology : A Functional Approach* (New York : Oxford University Press, 2016), 80.

7. James, *The Principles of Psychology*, 1 : 127.

8. Ibid., 1 : 121.

9. Ibid., 2 : 110.

10. William James, " The Gospel of Relaxation," in *On Vital Reserves (The Energies of Men)* (New York : Henry Holt, 1899), 50.

11. James, " To Shadworth Hodgeson," in *Letters of William James*, 1 : 232.

12. Ibid., 1 : 199.

13. Ibid., 1 : 200.

14. Ibid., 1 : 235.

15. David Foster Wallace, *This Is Water* (New York : Little, Brown and Company, 2009), n.p.

16. Cited in Joe Fassler, "Amy Tan's Lonely, 'Pixel-by-Pixel' Writing Method," *Atlantic*, December 2013, https : //www.theatlantic.com/entertainment/archive/2013/12/amy-tans-lonely-pixel-by-pixel-writing-method/282215/.

17. James, *Principles of Psychology*, 2 : 379.

18. Ibid., 1 : 452.

19. Ibid., 1 : 462.

20. Ibid.

21. James, "James to Lutoslawski," in *Letters of William James*, 2 : 175. This point is discussed at length in George Cotkin, *William James : Public Philosopher* (Chicago : University of Illinois Press, 1994), 114.

22. James, *Principles of Psychology*, 2 : 117.

4장 : 의식과 초월

1. Henry James Sr., *The Literary Remains of the Late Henry James Sr.*, ed. William James (Boston : Houghton Mifflin, 1884), 49.

2. Cited and discussed at length in Linda Simon, *Genuine Reality : A Life of William James* (New York : Harcourt, 1998), 197.

3. William James, *Pragmatism : A New Way for Some Old Ways of Thinking* (New York : Longmans Green and Co., 1910), 299.

4. Colin McGinn, "Can We Solve the Mind-Body Problem?," *Mind* 98, no. 391 (July 1989) : 349–66.

5. William James, *The Principles of Psychology* (New York: Henry Holt, 1890), 1:183.
6. Ibid.
7. Ibid., 1:196.
8. Ibid., 1:226.
9. Ralph Waldo Emerson, "Self-Reliance," in *First Series of Essays* (Boston: Houghton Mifflin, 1883), 52.
10. William James, *The Energies of Men* (New York: Moffat and Co., 1911), 14.
11. James, *Principles of Psychology*, 1:230.
12. Ibid., 1:231.
13. Ibid.
14. Cited in Robert Richardson, *William James: In the Maelstrom of American Modernism* (Boston: Houghton Mifflin, 2006), 234.
15. William James, "On a Certain Blindness in Human Beings," cached at the University of Kentucky, last accessed July 9, 2019, https://www.uky.edu/~eushe2/Pajares/jcertain.html.
16. Ibid.
17. William James, *Talks to Teachers and Students* (New York: Henry Holt, 1900), 243.
18. Benjamin Blood, *The Anesthetic Revelation and the Gist of Philosophy* (Amsterdam, NY, 1873), 33.
19. William James, "Review of the Anesthetic Revelation," *Atlantic Monthly*, vol. 34 (1874), 628.
20. Cited in William James, *Essays, Comments and Reviews*, ed. Ignas Skrupskelis (Cambridge, MA: Harvard University Press, 1987), 287.
21. Ibid., 288
22. Karl Ove Knausgaard, *Spring*, trans. Ingvild Burkey (New York: Penguin Books, 2016), 156.

23. James, *Principles of Psychology*, 1 : 115.

24. Henry Bugbee, *The Inward Morning : A Philosophical Ex-ploration in Journal Form* (Athens : University of Georgia Press, 2011), 43.

25. Ibid.

26. James, " To Henry James," in *Letters of William James*, 2 : 109.

27. Cited in John Kaag, "Pragmatism and the Lessons of Ex-perience," *Daedalus : The Journal of the American Academy of Arts and Sciences* 138, no. 2 (2010) : 63–72, 67; Emerson, "Cir-cles," in *First Series of Essays*, 320.

28. See John Kaag, "Me for the Woods," *Paris Review*, June 30, 2017, https :// www.theparisreview.org/blog/2017/06/30/me-for-the-woods/.

29. William James, *Essays in Radical Empiricism* (New York : Longmans Green and Co., 1912), 87.

30. Cited and discussed in Richardson, *William James*, 450.

31. Ralph Waldo Emerson, "Experience," in *Second Series of Essays* (Boston : Houghton Mifflin, 1883), 23.

32. F. Burkhardt, F. Bowers, and I. K. Skrupskelis, *The Works of William James*, vol. 3, *The Principles of Psychology* (Cambridge, MA : Harvard University Press, 1981), 1149.

5장 : 진리와 귀결들

1. Josiah Royce, "William James and the Philosophy of Life," in *William James and Other Essays on the Philosophy of Life* (New York : Macmillan, 1911), 18.

2. William James, *The Meaning of Truth* (New York : Longmans Green and Co., 1909), 238.

3. William James, " The Present Dilemma of Philosophy," in *Pragmatism*, in *William James : Writings 1902–1910* (New York : Library of America, 1987),

495.

4. William James, *The Varieties of Religious Experience* (Boston: Longmans, Green, and Company, 1902), 360.
5. James, "Present Dilemma of Philosophy," 496.
6. Ralph Waldo Emerson, "Experience," in *Second Series of Essays* (Boston: Houghton Mifflin, 1883), 66.
7. Ralph Barton Perry, *The Thought and Character of William James* (Atlanta: Vanderbilt University Press, 1996), 279.
8. William James, "The Conception of Truth," in *Essays in Pragmatism* (New York: Simon and Schuster, 1948), 161.
9. Cited and discussed at length in Charlene Haddock Seigfried, *The Radical Reconstruction of Philosophy* (Albany: State University of New York Press, 1990), 260.
10. James, "Conception of Truth," 170.
11. James, *Meaning of Truth*, 39.
12. Ibid., 30–31.
13. Ibid.
14. William James, *Pragmatism: A New Way for Some Old Ways of Thinking* (New York: Longmans Green and Co., 1910), 119.
15. Discussed at length in Alexander Livingston, *Damn Great Empires: William James and the Politics of Pragmatism* (New York: Oxford University Press, 2016).
16. Ralph Waldo Emerson, *Journals and Miscellaneous Notebooks* (Cambridge, MA: Harvard University Press, 1966), 6:197.
17. William James, "The Gospel of Relaxation," in *On Vital Reserves* (New York: Henry Holt, 1899), 48.
18. Ibid.
19. Ibid.

20. Ibid.

21. Ibid., 52.

22. Cited in Gertrude Stein, *Selected Writings of Gertrude Stein* (New York: Vintage, 1966), 75.

23. William James, *Talks to Teachers on Psychology* (Cambridge, MA: Harvard University Press, 1983), 134.

24. Ibid., 230.

25. This point is made in detail by David Foster Wallace, *This Is Water* (New York: Little, Brown and Company, 2009).

26. Arthur Schopenhauer, *Studies in Pessimism*, trans. T. Bailey Saunders (London: Swan Sonnenschein, 1892), 10.

27. James, *Talks to Teachers on Psychology*, 264.

28. Perry, *Thought and Character of William James*, 211.

29. The section discussing James and pedagogy has been excerpted in John Kaag, "The Curse of Credentials," *The Chronicle of Higher Education*, April 6, 2015, https://www.chronicle.com/article/The-Curse-of-Credentials/228999.

30. Ibid.

31. William James, "On a Certain Blindness in Human Beings," cached at the University of Kentucky, last accessed July 9, 2019, https://www.uky.edu/~eushe2/Pajares/jcertain.html.

32. Discussed in Kaag, "Curse of Credentials." William James, "Letter to Henry Bowditch, May 22, 1869," Harvard University Libraries, https://library.harvard.edu/onlineexhibits/james/bottom/2_12.html.

33. Ibid. John Calvin, *Bible Commentaries. Psalms 1–35* (Altenmunster: Jazz Verlag Jurgen Beck, n.d.), 98.

6장 : 경이와 희망

1. Cited in Ralph Barton Perry, *The Thought and Character of William James* (Atlanta: Vanderbilt University Press, 1996), 231.
2. Final chapter cited, excerpted, and discussed in John Kaag, "The Greatest Use of Life," *Aeon Magazine*, October 1, 2018, https://aeon.co/essays/is-life-worth-living-the-pragmatic-maybe-of-william-james.
3. William James, *Is Life Worth Living?* (Philadelphia: S. Burns, 1897), 9.
4. Ibid.
5. William James, *The Principles of Psychology* (New York: Henry Holt, 1918), 2:369.
6. Ibid.
7. William James, *The Varieties of Religious Experience* (Boston: Longmans, Green and Company, 1916), 526.
8. Ralph Waldo Emerson, "Circles," in *The Essential Writings of Ralph Waldo Emerson* (New York: Random House, 2006), 252.
9. James, *Principles of Psychology*, 1:329.
10. William James, *Pragmatism: A New Way for Some Old Ways of Thinking* (New York: Longmans Green and Co., 1910), 299.
11. James, *Varieties of Religious Experience*, 44.
12. Cited in George Barnard, *Exploring Unseen Worlds: William James and the Philosophy of Mysticism* (Albany: State University of New York Press, 1997), 52.
13. William James, *Memories and Studies* (New York: Longmans, Green, and Co., 1912), 175.
14. William James, "Letter to James Sully. March 3, 1901," in *The Letters of William James* (Boston: Atlantic Monthly Press, 1920), 2:98.
15. James, *Varieties of Religious Experience*, 66.

16. Novalis, *Novalis: His Life, Thought and Work*, trans. M. J. Hope (Chicago: McClurg and Co., 1891), xviii.
17. Walt Whitman, "Crossing Brooklyn Ferry," in *Leaves of Grass* (New York: Modern Library Printing, 1892; repr., New York: MLP, 2000), 126.
18. James, *Varieties of Religious Experience*, 186.
19. Ibid.
20. Ibid.

추천 도서

일차 문헌

The Correspondence of William James. Edited by Ignas K. Skrupskelis and Elizabeth M. Berkeley. 12 vols. Charlottesville: University of Virginia Press, 1992–.

Essays in Philosophy. Edited by Fredrick Burkhardt et al. Cam-bridge, MA: Harvard University Press, 1978.

The Letters of William James. Edited by Henry James. Boston: Little Brown, 1926.

The Meaning of Truth. New York: Longmans Green and Co., 1909.

A Pluralistic Universe. Cambridge, MA: Harvard University Press, 1977. Originally published in 1909.

Pragmatism. Cambridge, MA: Harvard University Press, 1979. Originally published in 1907.

The Principles of Psychology. Cambridge, MA: Harvard University Press, 1981. Originally published in 1890.

Some Problems of Philosophy. Cambridge, MA: Harvard University Press, 1979. Originally published in 1911.

Talks to Teachers on Psychology and to Students on Some of Life's Ideals. New York: Henry Holt, 1899.

The Varieties of Religious Experience. New York: Longmans, Green, and Company, 1916. Originally published in 1902.

William and Henry James: Selected Letters. Edited by Ignas K. Skrupskelis and Elizabeth M. Berkeley. Charlottesville: University of Virginia Press,

1997.
William James: Writings 1878–1899. Edited by Gerald Myers. New York: Library of America, 1992.
William James: Writings 1902–1910. Edited by Gerald Myers. New York: Library of America, 1987.
The Will to Believe and Other Essays in Popular Philosophy. Cambridge, MA: Harvard University Press, 1979. Originally published in 1897.
The Works of William James. Edited by Fredrick Burkhardt et al. 17 vols. Cambridge, MA: Harvard University Press, 1975–.

이차 문헌

Anderson, Douglas. *Philosophy Americana*. New York: Fordham University Press, 2007.
Barzun, Jacques. *A Stroll with William James*. New York: Harper and Row, 1983.
Bernstein, Richard. *The Pragmatic Turn*. Cambridge: Polity Press, 2010.
Bird, Graham. *William James: The Arguments of the Philosophers*. London: Routledge and Kegan Paul, 1986.
Carrette, Jeremy. *William James's Hidden Religious Imagination: A Universe of Relations*. New York: Routledge, 2013.
Edie, James. *William James and Phenomenology*. Indianapolis: Indiana University Press, 1987.
Feinstein, Howard M. *Becoming William James*. Ithaca, NY: Cornell University Press, 1984.
Gale, Richard M. *The Divided Self of William James*. Cambridge: Cambridge University Press, 1999.
_____. *The Philosophy of William James: An Introduction*. Cambridge:

Cambridge University Press, 2004.

Goodman, Russell B. *American Philosophy and the Romantic Tradition.* Cambridge: Cambridge University Press, 1990.

_____. *Wittgenstein and William James.* Cambridge: Cambridge University Press, 2002.

Jackman, Henry. "William James." In *The Oxford Handbook of American Philosophy*, edited by Cheryl Misak, 60–86. Oxford: Oxford University Press, 2008.

Kaag, John. *American Philosophy: A Love Story.* New York: Farrar, Straus and Giroux, 2016.

Klein, Alexander. "On Hume on Space: Green's Attack, James's Empirical Response." In *Journal of the History of Philosophy* 47, no. 3 (2009): 415–49.

Levinson, Henry S. *The Religious Investigations of William James.* Chapel Hill: University of North Carolina Press, 1981.

Marchetti, Sarin. *Ethics and Philosophical Critique in William James.* New York: Palgrave Macmillan, 2015.

Matthiessen, F. O. *The James Family.* New York: Knopf, 1947.

McDermott, John. *Streams of Experience: Reflections on the History and Philosophy of American Culture.* Amherst: University of Massachusetts Press, 1986.

Misak, Cheryl. *The American Pragmatists.* Oxford: Oxford University Press, 2013.

Moore, G. E. "William James's 'Pragmatism.'" In *Philosophical Studies*, 97–146. London: Routledge and Kegan Paul, 1922.

Myers, Gerald. *William James: His Life and Thought.* New Haven, CT: Yale University Press, 1986.

Pawelski, James O. *The Dynamic Individualism of William James.* Albany: State

University of New York Press, 2007.

Perry, Ralph Barton. *The Thought and Character of William James*. 2 vols. Boston: Little, Brown, 1935.

Pihlström, Sami. *The Trail of the Human Serpent Is over Everything: Jamesian Perspectives on Mind, World, and Religion*. Lanham, MD: University Press of America, 2008.

Proudfoot, Wayne, ed. *William James and a Science of Religions*. New York: Columbia University Press, 2004.

Proudfoot, Wayne, with Ruth Anna Putnam. "William James's Ideas." In *Realism with a Human Face*, edited by Hilary Putnam, 217–31. Cambridge, MA: Harvard University Press, 1990.

Putnam, Ruth Anna. *The Cambridge Companion to William James*. Cambridge: Cambridge University Press, 1997.

Richardson, Robert D. *William James: In the Maelstrom of American Modernism*. Boston: Houghton Mifflin, 2006.

Russell, Bertrand. "Comments on Pragmatism." In *The Collected Papers of Bertrand Russell*, 6:257–306. London: George Allen and Unwin, 1986.

Seigfried, Charlene Haddock. *William James's Radical Reconstruction of Philosophy*. Albany: State University of New York Press, 1990.

Simon, Linda. *Genuine Reality: A Life of William James*. New York: Harcourt Brace, 1998.

Slater, Michael R. *William James on Ethics and Faith*. Cambridge: Cambridge University Press, 2009.

Sprigge, T. L. S. *James and Bradley: American Truth and British Reality*. Chicago: Open Court, 1993.

Tarver, Erin C., and Shannon Sullivan, eds. *Feminist Interpretations of William James*. University Park: Pennsylvania State University Press, 2015.

Taylor, Eugene. *William James on Consciousness beyond the Fringe*. Princeton, NJ : Princeton University Press, 1996.

Wilshire, Bruce. *William James and Phenomenology: A Study of "The Principles of Psychology."* New York : AMS Press, 1979.

· Meaning of Life 시리즈 ·

아픈 영혼을 위한 철학
윌리엄 제임스는 우리를 구원할 수 있을까

초판 1쇄 발행 | 2022년 1월 2일

지 은 이 | 존 캐그
옮 긴 이 | 전대호
펴 낸 이 | 이은성
편　　집 | 구윤희
교　　정 | 문해순
마 케 팅 | 서홍열
디 자 인 | 파이브에잇
펴 낸 곳 | 필로소픽
주　　소 | 서울시 종로구 창덕궁길 29-38 4, 5층
전　　화 | (02) 883-9774
팩　　스 | (02) 883-3496
이 메 일 | philosophik@hanmail.net
등록번호 | 제2021-000133호
ISBN 979-11-5783-227-9 03100

필로소픽은 푸른커뮤니케이션의 출판 브랜드입니다.